나는 버리지 않기로 했다

나는 버리지 않기로 했다

: 진정한 미니멀리즘을 실천하는 삶의 지혜

조석경 지음

나무의철학

신혼 초, 직장을 다니던 때에 아침 알람시계가 울릴 때마다 아프다는 핑계를 대고 출근하지 말까, 매일 고민했다. 부질없는 고민이었다. 오전 업무를 마치고 점심을 먹으며 동료들과의 수다로 다시 힘을 내곤 했지만 그마저도 오래 가지 않았고, 퇴근 후 집으로 돌아오면 온몸이 녹초가 되었다. 남편과의 저녁은 그야말로 대충 해결하고 아무 생각 없이 텔레비전을 보다가 잠들었다. 당시 집에서 무엇을 한다는 건 나에게 사치였다.

"나는 직장에 다니며 돈도 벌고… 가족도 친구도 있는데 왜 행복하지 않을까?"

공적인 관계에서든 사적인 관계에서든 '좋은 사람'이라는 평가를 받고 싶어 늘 긴장하며 지냈다. 그렇게 서른을 넘기자, 어느새 에너지가 바닥났다. 결국 내 곁에서 가장 힘이 되어주던 가족에게 짜증을 내는 일이 잦아졌다. 이러면 안 되겠다는 생각에 우선 나를 행복하게 하는 무언가를 찾아, 하나씩 해보아야겠다는 생각을 했다. 골똘히 생각해보니 내가 좋아하는 일은 단순했다.

글쓰기 그리고 걷기.

　여유가 생길 때마다 블로그에 글을 쓰기 시작했다. 그리고 모임에 나가는 대신 남편과 함께 조용한 곳으로 바람을 쐬러 다녔다. 출퇴근길에는 지하철 두 정거장 전에 내려 걸었다. 건강상의 이유로 직장을 그만두게 되었지만 생활의 패턴을 조금씩 바꾸고는 그 당시 나의 가장 큰 고민이었던 '현재의 불만족'이 제법 해소되었다. 그리고 얼마 후, 나는 엄마가 되었다.

　새로운 역할에 나는 꽤 우왕좌왕했다. 아이에게 집중하다 보니, 집안일은 쌓여갔다. 어느 순간에는 그것을 보는 것마저 곤욕일 때도 있었다. 생활이 완전히 달라졌다. 내가 행복해지기 위해 했던 일련의 일들은 엄마의 자리에서는 마음먹는다고 할 수 있는 것이 아니었다. 이건 마치 아이가 내 행복을 뺏는 존재라고 생각될 정도로 심각한 문제로 다가왔다. 그래서 나는 엄마의 위치에서 행복해질 수 있는 무언가를 해야겠다고 생각했다.

　우선 집 안 생활이 유연하고 부드럽게 흘러가도록 집안살림을 기준을 정해 정리했다. 육아로 예민해진 상황에서 다른 일로 더 지칠 수는 없었다. 한 공간씩 차근히 정리했다. 신기하게도 한 공간이 달라지니 다른 공간도 따라왔다. 점차 집안 살림을 정리하는 시간이 줄게 되었고, 아이에게 더 집중하면서도 나만의 시간을 가질 수 있는 여유도 생겼다. 이처럼 생활공간이 단정해지니 몸과 마음이 저절로 가벼워졌다. 그러면서 잠시 소홀했던 블로그에도 다시 글을 쓰기 시작했다. 오랜만이라 그런지 '나는 행복해지고 싶다'란 의미에서 만든 블로그의 내 닉네임인 '행복씨'란 이름이 낯설게 느껴져 바꿔볼까 생각도 했다. 하지만 이 이름 덕분에 다시금 행복해지고 감사한 마음을 가지게 될 것이란 기대를 가지며 이 이름을

간직하기로 했다.

'행복씨'란 이름으로 블로그를 통해 많은 사람들과 소통했다. 내가 주부인지라 '살림'에 관한 이야기를 주로 하게 되었고 내가 쓴 이야기에 많은 이가 공감해주었다. 답답한 마음을 풀고자 시작한 블로그로 나는 많은 위로와 위안을 받았다. 그렇게 꾸준히 글을 쓰고 소통하다 보니, 꿈이 생겼다. 블로그를 통해 나에게 힘이 되어준 사람들에 대한 보답으로, 그동안의 글을 엮어 책으로 출간해 누군가에게 힘을 실어주었으면 하는 꿈 말이다.

이 책에는 주부인 내가 할 수 있는 이야기인 살림 이야기가 대부분이지만, 그 일상 사이에서 행복을 찾는 방법에 관해서도 담았다. 이 책의 제목《나는 버리지 않기로 했다》는 이러한 맥락에 닿아 있다. 나의 행복을 찾기 위한 노력과 관심을 버리지 않는 것. 내가 느끼는 다양한 감정을 버리지 않고 내 공간과 내 마음에 잘 담아 일상에서 행복을 찾기를 바라는 마음에서 말이다. 이 책을 통해 내가 추천하는 것처럼 집 안 곳곳에 변화를 준다면, 설레는 무언가를 발견할 수 있을 것이다. 혹시라도 이 책을 읽고 마음이 일렁인다면 무엇이든 시작해보자. 방을 정리해도 좋고, 집으로 돌아가는 길 얼마간 걸어도 좋고, 일찍 일어나 채소주스를 갈아마시며 하루를 시작해도 좋다. 에너지가 생기는 일이라면 그 어떤 것도 좋으니 그것을 습관으로 만들어보자. 행복이란 남에게 보여줘야 할 만큼 크고 거창할 필요 없다. 지금 내 마음이 즐거우면 그것이 바로 행복이다.

나는 전문적으로 글을 쓰는 사람이 아닐 뿐더러 아내이자 엄마의 자리에서 진득하니 글을 쓰는 것이 쉽지 않았다. 하지만 살림하는 행복씨보다 책을 쓰는 행복씨가 더 멋있다는 남편의 고마운 말에 용기를 얻고 이렇게 책을 출간할 수 있었다. 그리고 블로그의 세상에서 나에게 힘이 되어준 사람들. 그들 덕분에 나는 이렇게 무너지지 않고 행복을 찾았다. 그들이 내게 해준 한마디 한마디가 모인 덕분이다. 진심으로 감사한 마음을 전하고 싶다. 마지막으로 작은 소망 하나, 이 책을 계기로 또 다른 '행복씨'가 나타나기를 진심으로 바란다.

나를 행복씨라고 불러주어 고맙습니다.

덕분에 나는 아주 많이 행복합니다.

2018. 05

맑은 봄날, 조석경

낮잠이 든 아이를 방에 두고 조심스레 거실로 나왔다.

문득 떠오르는 음악을 작게 틀고 커피를 한잔 내려 소파에 앉았다.

큰 창 너머로 바람에 살랑살랑 흔들리는 나뭇잎이 보이고

그 너머로는 방과 후 집 대신 놀이터로 발걸음을 돌린

아이들의 모습이 눈에 들어온다.

저층에 사니 세상 소식을 이렇게 들으며 산다.

Baby room

Kitchen

Bath room

Bed room

Living room

Study room

Balcony

온기 가득한
거실

　　예전 우리 집 거실에는 아주 많은 것이 있었다. 인테리어에 별다른
지식이 없어 온라인에 소개된 집들의 사진을 보고 공통된 규칙을 찾아내 동참했
다. 거실에는 당연히 텔레비전이 있어야 하니 이를 위해 낮고 길쭉한 거실장을
한쪽 벽에 두고 맞은편에는 남편이 좋아하는 소파를 두었다. 패브릭 소파를 두었
는데 대부분의 집에 있는 가죽 소파만큼 크지 않아 한 공간이 허전해 일인용 의
자를 더 놓아 자리를 채웠다. 소파 앞에는 테이블을 두고 그 아래는 당시 유행하
던 '있어 보이는' 러그를 깔았다. 큼지막한 가구로 거실을 채우고 나니 기본은 해
결되었지만 왠지 허전해 인테리어 소품으로 곳곳을 채우기 시작했다. 쿠션, 스
탠드, 디퓨저, 몇 개의 액자 그리고 담요. 유행하는 소품이란 소품은 모두 사들
여 채웠다.

　　유행하는 것으로만 채우니 당시에는 입소문이 나서 많은 사람들이 칭찬하는
예쁜 집이 되었지만, 행복도 잠시 나는 점점 집이 답답해졌다. 유행하는 예쁜 것
으로만 채웠는데 왜 나는 더 행복하지 않은 걸까? 내가 좋아하는 것이 이런 게
아니었나? 돌이켜보면 참으로 창피한 모습이지만, 처음에 나는 아주 기세등등
했다.

　　집이 점차 답답해지면서, 나는 사람들을 속이는 것 같아 더는 "나는 우리 집이

첫 신혼집.
당시 유행하던 소품으로
집이 꽉 차도록 꾸몄다.

지금의 보금자리.
있어야 할 살림이 제자리에 있다.
떠올리기만 해도 마음이 편안해진다.

좋아요"라고 말할 수 없었다. 그렇게 애매한 상태가 지속될 즈음, 임신을 하고 아이를 낳았다. 아이는 뒤집고 기고 걸음마를 하며 사랑스럽게 자라주었고, 그 아이를 위한 공간을 만들기 위해 자연스럽게 거실을 정리해야 했다. 돌이켜보면 아이를 위한 결정이 내 삶을 바꾸는 계기가 되었다.

　나는 우선 거실에서 쓰는 물건이 아닌 보여주기식의 물건은 모두 없애기로 했다. 아이에게 위험하기도 했고 사용하지 않아 먼지가 수북이 쌓인 것이 대부분이었기 때문이다. 의자와 테이블, 검정색 2단 선반이 그랬고, 있어서 편하기보다는 앉을 때마다 짐이 되는 쿠션이 그러했다. 여기서 살림 팁! 당연히 그 자리에 있어야 할 것이라고 생각한 살림이라도 잠시 그 자리를 떠나도록 해보자. 오히려 더 편안해질 수도 있다. 우리는 액자와 꽃 대신 아이를 보고, 디퓨저의 향 대신 아기의 예쁜 살내음으로 집 안을 채웠다. 집 안에 시선 둘 곳을 열에서 셋으로 줄이고 나니 그만큼 가족을 보며 살게 되었다.

　거실을 꾸미기 위해 너무 많은 에너지를 쏟지 말자. 우리 집은 거실 말고도 사랑해줘야 할 공간이 많다. 거실에 두고 싶은 액자가 있는데 벽이 이미 꽉 찼다면, 요리를 하면서 볼 수 있는 곳이나 아침에 눈을 떴을 때 가장 먼저 시선이 닿는 곳에 두는 것도 좋다. 자주 보는 것보다 가끔 보아야 더 매력적으로 느껴지니까.

　엄마가 되기 전에는 테이블 위의 생화와 선반 위에 놓인 예쁜 소품으로 행복했다면, 지금은 아이의 웃음과 작고 귀여운 몸짓에 행복을 느낀다. 부모가 되고 나니 이전엔 예쁘게 보이던 물건들이 이제는 우리의 시간을 방해하는 요소가 되었다. 이처럼 새로운 역할이 주어지면 관심사도 바뀌는 모양이다. 나는 이제 안전하고 오래 사용할 수 있는 가구와 집 안 살림에 더 눈길이 가니 말이다.

　아이의 물건은 모두 아이방에 수납하지만 아이는 하루일과를 대부분 거실과 주방에서 보낸다. 거실은 함께 사계절의 풍경을 감상하며 책을 읽고 그림도 그리는, 우리 가족이 가장 사랑하는 공간이다. 특히 거실의 큰 창 앞은 아이가 놀 수 있도록 여유를 만들어 두었다. 아이는 장난감이 방에 있어도 그걸 가지고 엄마가 있는 곳으로 오기 마련이다. 그러다 보니 집 안 곳곳이 장난감으로 발 디딜 틈이 없다. 산만해진 집 안을 보면 급격히 피로감이 몰려오고 정리할 엄두가 나지 않는다. '정리하면 또 어질러질 텐데, 뭐하러 정리하나' 하는 생각이 들기도 해, 방치한 적도 있다. 하지만 정리되지 않은 집을 보는 것은 더 피곤한 일이다. 아이가 스스로 정리할 수 있는 나이가 되기까지는 매일같이 반복될 일상일 텐데 매번 이렇게 힘들어 할 수만은 없다. 이러한 상황을 조금 나아지도록 만들 필요가 있다.

우선 아이의 장난감 외에는 치워야 하는 것이 생기지 않도록 했다. 밖으로 나와 있는 물건은 모두 수납장에 자리를 만들어주어, 사용 후에는 반드시 제자리에 정리하는 습관을 들였다. 여기서 살림 팁을 이야기하자면, 이를 위해선 수납장에 늘 여유가 있어야 한다. 살다 보면 한두 가지의 물건이 더 생기기 마련인데, 그것을 둘 여유 공간이 없다면 결국 거실장 위나 식탁 위에 자리를 만들어줘야 하기 때문이다. 물건 구입과 동시에 둘 자리를 정하는 습관, 엄마가 되고 나서 더욱 꼼꼼히 하고 있는 일이다. 그리고 한 가지 더 아이의 물건은 모두 아이방에 수납하는 것이다. 정리를 해도 티가 나지 않는다는 이야기를 종종 듣는데, 이 경우는 아이의 물건을 거실에 수납하거나 오픈된 수납장에 보관해서 그렇다. 처음에는 어렵겠지만, 아이가 거실에서 장난감을 가지고 놀더라도 정리하는 공간은 아이의 방으로 정해보자. 습관은 만들기 나름이다.

선반 위 소품은 최소화하고, 자질구레한 물건들은 서랍장에 넣어두었다.
혹여나 아이가 발을 디뎌 넘어지는 상황을 대비해
러그나 쇼파 등의 배치에도 신경을 썼다.

알록달록한 아이의 장난감 외에는 정리할 것이 없는 공간.
그것만으로 우리의 하루는 더 심플하고 건강해질 수 있다.
그리고 한 가지 더, 아이는 장난감이 가득한 거실보다
엄마의 손짓과 눈짓에 더 많이 행복해한다는 것을 기억하자.

거실의 벽지와 바닥 고르기

두 차례 이사를 하면서, 자연스레 집 꾸미기에 관심을 가지게 되었고 나의 취향에 관해서도 고민하게 되었다. 다만 이를 깨닫기까지 수없이 많은 집의 사진을 봐야 했고 시행착오도 겪어야 했지만, 나름 재밌는 과정이었다. 다양한 정보 틈바구니에서 내 취향을 찾기란 결코 쉽지 않지만, 누군가 나에게 무엇을 가장 좋아하는지 묻는다면, 간결하게 대답할 수 있는 사람이 되고 싶었다.

단정하고 다정할 것. 내가 좋아하는 공간과 물건에 대한 느낌이다. 이전 집에서는 깔끔하기만 하면 만족스러울 거란 확신에 벽과 바닥을 모두 하얀색으로 꾸몄다. 하얀 벽지와 바닥은 인테리어에 관심이 없는 사람도 선호할 만한 소재인데, 막상 꾸며놓으니 무언가 부족한 느낌이었다. 곰곰이 생각해보니 그것은 눈으론 보이지 않는 집 안의 온도였다. 아마도 내가 선호하는 것은 단순히 깨끗함보다는 따뜻함일지도 모른다는 생각이 들었다. 그래서 이전에는 단정하고 깔끔하게 하는 데에 초점을 두었다면, 지금 살고 있는 집에는 따뜻함을 더했다.

우선 하얀 벽과 오크색의 바닥으로 전체적인 느낌은 통일했다. 하얀색이 주는 차가움도 있었던 탓에 마루는 폭이 넓고 자연스러운 느낌이 나는 나무마루를 선택했다. 최고의 선택이었다. 벽에는 좋아하는 그림을 걸고, 화병에는 좋아하는 꽃을 꽂아두었다. 하얀색 벽지라 한 송이만 있어도 그 꽃이 주는 온기는 어마어마했다.

벽지와 바닥을 고르기 전, 내가 선호하는 집 안의 톤과 질감이 무엇인지 아는 것이 중요하다. SNS나 잡지를 통해 안목을 늘리는 것이 많은 도움이 된다. 우리 부부의 경우는 앞서 언급한 것처럼 광이 없는 따뜻한 느낌의 하얀색과 원목을 사용한, 깔끔하면서도 안정감 있는 톤을 좋아한다. 심플하지만 가볍거나 차가워 보이지 않는 집, 바로 우리 부부가 원하는 톤이었다.

우리 집 거실 바닥은 온돌마루로 스팀 청소기를 사용하면 물 얼룩이 남거나
마루 변형이 생길 수 있다고 한다.
애초에 스팀 청소기를 써본 적이 없어(불행인지 다행인지)
그 기계가 주는 편리함에 대해선 딱히 알지 못한다.
대신 나는 마른 걸레로 꼼꼼히 닦아준다.
그 개운함이 내 노동과 비례하니 나는 이 수고로움이 꽤 뿌듯하고 즐겁다.

수많은 종류와 소재 속에서 벽지와 바닥을 선택하는 일은 쉽지 않다. 혹 내 취향이 무엇인지 도무지 모르겠다면, 일단 예쁘다고 생각한 몇몇 공간에서 가장 많이 사용되는 톤으로 시작해보자. 그중 하얀색 벽과 오크색 바닥은 무난하지만 쉽게 질리지 않고, 어느 가구나 소품과도 잘 어우러지니 아주 매력적인 소재일 것이다.

창틀로 더 넓어보이게 만들기

지금 살고 있는 집은 저층이지만, 앞뒤로 가리는 것이 없어 볕이 잘 든다. 이런 자리에서 집 앞의 나무를 보고싶어 이 집을 선택했다. 그런데 아무래도 기존의 1:2:1 비율의 창틀로는 가려지는 풍경이 많아, 창밖을 보는 것이 내내 아쉬웠다. 그래서 낡은 창틀을 2:1 비율의 새로운 창으로 바꾸었다. 게다가 거실과 주방의 창이 마주보고 있어 한쪽 창만 열어두어도 바람이 살랑살랑 오고가니, 집 안이 보송하다. 바로 나와 내 아이가 가장 좋아하는 공간이다.

거실 발코니와 함께 부엌의 발코니도 철거했다.
피곤한 날은 창밖만 바라보아도 눈이 시원하다.

문선 없애기

　이사하면서 마음먹은 것 중 하나가, 바로 문선을 없애는 것이었다. 또한 벽 공간을 비워두는 것만으로도 집이 훨씬 정돈되어 보이기에 우리 집에는 키가 큰 장이나 상부장이 없다. 때로는 채우는 것보다 비워두는 것이 좋을 때가 있다. 마찬가지로 문도 페인트 시공(혹은 벽지 시공)으로 문선과 문지방을 없애면 벽이 한결 더 여유롭고 깔끔해진다. 그리고 또 하나! 먼지를 털어내야 할 틈이 없으니 청소하기에도 간편하다.

욕실 문과 같이
모든 방의 문선을 없앴다.
더욱 깨끗해보여
볼 때마다 기분이 좋다.

조명 고르기

유난히 천장이 낮은 집은 일반적인 메인등(천장에 매달아 설치하는 등) 대신 매입등을 설치하면 전체적으로 시야가 시원해진다. 나는 집의 모든 공간에 간접조명을 설치하고, 날씨와 시간에 따라 조명의 명암을 달리해 분위기를 바꿔보기도 한다. 식탁 위에 좋아하는 펜던트등을 하나 달아놓으면 식사시간이 훨씬 풍성하고 다정해지는데, 펜던트등을 설치할 때는 주변 가구의 높낮이와 집 안의 분위기에 맞춰 설치하는 것이 중요하다. 우리 집처럼 키 큰 가구가 없다면 펜던트등을 조금 낮게 설치하는 것도 괜찮다.

하지만 천장을 매입등으로 고칠 수 없는 상황이더라도 (사실 고칠 수 없는 상황이 더 많을 것이라 생각한다) 실망할 필요 없다. 거실의 메인등을 깔끔한 등으로 교체하는 것만으로도 집 안의 분위기는 확연히 달라진다. 그만큼 조명의 힘은 대단하다. 이사 갈 때 직접 단 조명은 가지고 갈 수 있으니, 전셋집이라고 취향을 포기할 필요는 없다. 다만 이 경우 처음에 설치되어 있던 등은 잘 보관해두었다가 다시 달아두고 가야 한다.

주방은 노란빛과 하얀빛을 그때마다 사용할 수 있도록 두 종류의 매입등으로 설치했다.

조명을 어떻게 설치하는지도 중요하지만 조명색을 결정하는 것 역시 중요하다. 분위기도 달라질 뿐만 아니라 눈의 피로에도 영향을 주기 때문이다. 일반적으로 많이 쓰는 색은 세 가지 정도로 추릴 수 있는데, 위치에 따라 충분히 고민한 후 결정해야 한다. 하얀빛은 집중도를 높여주고 활동적인 에너지를 주는 반면, 노란빛은 긴장된 몸을 이완시키고 안락함을 느끼게 한다. 취향에 따라 정하면 되지만, 두 온도색을 적절히 배합해 설치하는 게 가장 좋다.

알맞은 조명을 고르기 위한 tip

주광색: 형광등색으로 흔히 알고 있는 하얀빛. 집중력을 높여주고 개방감과 청량감을 주지만 눈부심이 있다. 주로 메인등, 싱크대, 욕실, 화장대 등에 사용된다.

주백색: 주광색보다 노란빛을 띠는 빛으로 조금 더 포근하고 눈부심이 덜하다. 주로 메인등, 서재, 식탁 등에 사용된다.

전구색: 노란빛으로 안정감과 편안함을 준다. 메인등보다는 간접조명이나 부분조명으로 좋다. 주로 침실 스탠드, 식탁 등에 사용된다.

발코니가
없어졌어요!

지금 살고 있는 집은 거실과 부엌에 발코니가 있었다. 대개 이 공간은 수납의 용도로 활용되는데, 나는 거실 창 너머의 나무를 시원하게 볼 수 있는 공간을 만들고 싶어 발코니를 확장하기로 했다. 다른 아파트에 비해 발코니가 큰 탓에 거실에서는 바깥 풍경을 보기가 쉽지 않았고, 집으로 더 많은 햇살을 끌어오고 싶은 마음에서였다.

다만 확장공사를 하면 거실을 넓게 쓸 수 있는 장점은 있지만 난방효율이 떨어진다는 점과 수납공간으로 활용했던 공간을 정리해야 하는 단점이 있었다. 우선 난방문제부터 고민했다. 단창의 낡은 창틀을 모두 이중창으로 교체하고 단열공사가 꼼꼼히 진행될 수 있도록 공사 과정을 수시로 확인하기로 했다. 그리고 수납문제는 안방 앞 발코니는 남기고 그 외 발코니만 정리하는 것으로 마무리했다. 계획대로 확장공사를 진행하려던 찰나에 생각지 못한 문제가 생겼다. 이 공사를 진행하려면 구조상 발코니에 있는 우수관을 모두 기둥으로 막아야 하는데 그렇게 되면 발코니에서 물을 사용할 수 없는 것이었다.

"그럼 발코니 물청소를 못한다는 이야기잖아. 화분에 물도 편하게 줄 수 없을 테고…. 여름에는 서연이랑 물놀이도 하려고 했는데."

생각지 못한 문제에 다시 원점으로 돌아갔다. 물을 사용하지 못할 때의 불편함을 하나씩 따져보고 대체할 수 있는 방법에는 무엇이 있을지 고민했다. 우선 가장 중요한 발코니 청소는 건식으로 사용할 테니 청소기와 물걸레질을 하면 될 것이고, 화분에 물 주는 것은 번거롭더라도 욕실에서 하면 되었다. 그리고 여름이 오면 아이와 하려고 했던 물놀이는 앞으로 생길 거실의 큰 창에 담을 풍경으로 선물해주면 좋겠다는 생각이 들었다. 그런데 찬찬히 생각해보니 저층이라 우수관에 악취나 벌레가 올라올 것이 꽤나 신경 쓰였는데, 우수관을 막으면 그 고민이 해결되는 것이었다. 유레카!

　그렇게 거실을 확장하고, 큰 창을 통해 사계절의 변화를 한 차례 경험했다. 발코니를 작게 쓰는 불편함은 너른 거실에서 지내는 소소한 행복에 비하면 정말 아주 작은 것이었다. 발코니를 그대로 두었다면 괜히 이런저런 짐만 늘리지 않았을까 하는 생각에 아찔하다. 나도 처음엔 발코니가 작아지면서 남은 수납공간을 어떻게 효율적으로 사용해야 할지 고민이 많았다. 다만 지금에 와서 드는 생각은 쓸데없이 짐을 늘리려는 욕심도 사라지고 살림이 심플해지니 마음도 집 안 곳곳도 여유롭다.

§ 저층의 방범과 벌레소독

저층은 벌레와 방범에 취약한 경우가 많은데 창틀 하단의 물구멍에는 방충망 스티커를 붙이고 격자방범창이나 방범방충망을 설치하면 효과적이다.

Balcony

Balcony

kid's room

Kitchen

Bath room

Bed room

Living room

Study room

Balcony

Balcony

발코니 확장 전, 집의 도면.

안방 앞 발코니. 처음에는 좀 작지 않을까 걱정했지만,
지금은 여유롭게 공간을 활용하고 있다.

햇살 좋은 날, 발코니 청소하기.

발코니 청소 tip

물 사용이 가능한 발코니는 물청소 후, 잘 말리는 것이 중요하다. 다만 우리 집처럼 발코니를 건식으로 사용하고 있다면 우선 청소기를 돌린 후 물걸레질을 하는 것이 좋다. 그리고 발코니에서 먼지가 가장 많이 쌓이는 곳은 창틀과 방충망인데, 창틀의 틈은 나무젓가락에 물티슈를 끼워 닦으면 쉽게 먼지를 제거할 수 있다. 그리고 방충망은 마대를 이용해 물걸레질을 하면 된다(마대가 없다면 유선청소기 솔로 떨어내도 좋다).

여기서 가장 중요한 팁은 청소하기 번거로운 공간일수록 날을 정해 하기보다는 습관처럼 틈틈이 하는 것이 현명한 청소법이다.

우리 집에서 보는 겨울 풍경.
눈사람 대신 눈나무가 있다.

우리 집에서 보는 여름 풍경.
아주 큰 나무가 담긴 세상 단 하나뿐인
액자를 만날 수 있다.

—

우리 집 거실을 구성하고 있는
살림들

거실장아, 넌 우리 집으로 가자!

　　무엇이든 안목을 키우기 위해서는 많이 보는 것이 중요하다. 가구 역시 그렇다. 사람들이 어떻게 하고 사는지 호기심을 가지고 찾아보다 보면, 내 취향을 찾을 수 있다. 우선 거실장을 장만하려 한다고 해보자. 소재부터 색상, 크기, 디자인 등 고려해야 할 것이 참 많다. 거실 평수에 어울리는지, 어떤 물건(예를 들어, 텔레비전)을 둘 목적을 띤 거실장이라면 너비나 높낮이 등도 생각해야 한다. 나는 가구를 고를 때 특히 색상과 수납을 중요하게 생각한다. 지금 살고 있는 집이 확장한 아파트라 수납공간이 많지 않았기에 수납을 우선시해 골랐지만, 수납공간에 여유가 있는 집이라면 거실장 대신 좋아하는 액자나 화분 몇 개를 두는 것만으로도 충분하다.

　　색상은 벽지와 바닥 색상을 고려해 고르면, 한결 수월하게 고를 수 있다. 전체적으로 집 안 컬러가 밝은 톤이라면 짙은 색의 가구 하나쯤은 꽤 매력적일 테고, 어두운 톤이라면 밝은색의 가구를 두어 집 안에 생동감을 불어넣는 것도 좋다. 혹 가구가 많이 필요하다면 높이가 낮은 가구를 여러 개 두는 것이 집을 더 넓어 보이게 하니, 참고하자.

　　우리 집 거실장은 우리 부부가 즐겨 읽는 책과 남편이 수집한 음악 CD를 보관할 수 있는 크기여야 했다. 그리고 청소가 수월하도록 다리가 길고 거실 벽 가운데에 있는 콘센트를 가릴 수 있을 만큼의 키가 되는 가구여야 했다. 용도와 크기를 정하고 나니 둘러볼 가구의 범위가 좁아졌다. 최종적으로 후보에 오른 거실장은 원목가구와 이케아의 하얀색 베스토였다. 이케아 거실장은 가격도 저렴하면서 수납공간도 많아 마음에 들었지만, 거실의 분위기를 잡아주는 중심적인 역할도 해주길 바랐기에 마지막 선택에서는 제외했다.

그 외에 짙은 호두나무 컬러의 거실장과 혹 텔레비전을 거실에 둘 경우를 대비해 염두에 둔 거실장 몇 가지 중에서 우리가 최종적으로 선택한 것은 티크목의 빈티지 가구였다. 이 가구를 선택한 가장 큰 이유는 자연스러운 사용감과 그 무게감이 우리 집의 온도와 가장 잘 어우러질 것이라고 생각했기 때문이다.

구입해온 거실장에 물건을 하나씩 정리한다. 책과 음악 CD, 인센스 스틱 등이다. 거실장에 수납되어 있는 물건은 매일같이 사용하는 생활살림이라기보다는 가끔 사용하는 보관용 살림에 가깝다. 소모되는 물건이 아니기에 빈자리가 생기는 경우도 드물다. 그렇기 때문에 이런 살림은 한 공간을 정해 그 범위를 벗어나지 않을 만큼만 소유하는 것이 중요하다. 소장하고 싶은 새로운 책이 있다면 가지고 있던 책을 한두 권 정도 정리하는 등 구매 전에 먼저 수납공간을 만들어두는 것이 좋다. 이는 우리 가족에겐 자연스러운 규칙이자 습관이다.

보통 사람들은 집이 넓어 보이는 것을 좋아한다. 그리고 누군가의 집에 초대되었을 때, 으레 칭찬으로 "집이 넓어 보여요"라고 하기도 하는데, 내 생각에 이 말은 집 안에 많은 것을 두지 않았다는 뜻, 즉 꼭 필요한 물건만 두었다는 뜻이 아닐까 한다. 물론 정리하는 데 전문가가 되어야 한다는 것은 아니다. 우리 가족에게 꼭 필요한 물건을 선별해, 그 물건의 자리만 만들어주면 된다. 이제 우리 집 내 서랍 한 칸 정리부터 시작해보자. 더 넓어 보일 우리 집을 상상하며 말이다.

다른 살림이 거실장 밖으로 나오지 않기 위한 방법은 각 물건이 있어야 할 자리를 잘
지키는 것이다.

거실에 텔레비전이 없다면 어떨까?

거실에 텔레비전이 없다면? 나는 불과 몇 년전만 해도 그런 생활은 상상해본 적이 없다. 텔레비전을 자주 봐서가 아니라 으레 집이라고 하면 반드시 있는 전자제품이라고 생각했기 때문이다. 우리 집뿐 아니라 누구의 집에 가도 거실 한쪽 벽에는 (집의 크기는 별로 고려치 않은 크기의) 텔레비전과 거실장이 있었다. 대개 저녁을 먹고 나면, 가족들은 거실에 모여 앉아 과일이나 군것질거리를 먹으며 자연스럽게 텔레비전을 본다. 우리 집 또한 그랬다. 텔레비전의 역할에 대해 깊이 생각해본 적이 없었기에 거실에서 없앨 필요도 느끼지 못하며 지냈다.

하지만 내가 엄마가 되고 나니 텔레비전에 대한 시선이 조금 달라졌다. 아이가 칭얼거리면 나는 자연스레 텔레비전을 틀어 아이의 관심을 끌도록 했다. 그것이 아이를 달래는 가장 쉬운 방법이었으니까. 아이가 텔레비전을 틀어달라고 한 것도 아닌데…. 이 전자제품은 육아로 지친 엄마의 도피처가 되어버렸다. 텔레비전이 없었다면 나는 이 상황을 어떻게 해결했을까? 분명한 건 이 물건은 필수조건이 아닌 선택조건이라는 것! 나는 이 물건을 서재로 옮기고 한 달을 지내보기로 했다.

우려했던 것과 달리 다행히도 우리 가족은 텔레비전 없는 생활에 익숙해졌다. 처음 며칠은 아이의 투정을 달랠 수 있는 여러 방법(예를 들면, 젤리나 아이스크림 그리고 동요 등)을 동원해야 했고 어느 순간부터는 또 다른 방법이 필요했다. 이를 자극의 강도에 비유하자면, 시간이 지날수록 아이는 더 강한 자극을 바랐다. 결국 새로운 무언가로 대체하는 방법은 현명한 것이 아니었다. 아이의 투정은 결국 이 말이었다. "엄마! 나와 함께 놀아주세요!" 물론 엄마는 그 의미를 알지만, 쌓인 집안일을 해야 하고 그 이후로는 잠시라도 눈을 붙이고 싶으니 어떻게든 아이가 혼자 놀 수 있는 방법을 찾으려 한다. 하지만 아이의 욕구가 근본적으로 해결되

거실장은 집 안에서 가장 먼저 눈에 들어오는 가구인데 이 가구가 조금만 산만해도 집 안 전체가 지저분해보일 수 있다. 그러한 이유로 수납장을 구입할 때는 서랍형이나 문이 달린 디자인을 선호한다.

지 않으니 엄마와 아이의 관계는 악화되기만 한다. 이를 근본적으로 해결하기 위해 나는 하루일과 중 가장 중요한 일을 '최선을 다해 아이와 놀아주는 것'으로 정했다. 역시나 아이와의 관계는 점차 나아졌다.

물건을 통해서가 아닌 교감을 통해 행복해질 수 있도록 하자. 소파에 앉아 아이와 함께 책을 읽고 창밖의 풍경을 바라보니, 아이에게 보여줄 예쁜 것이 이렇게나 많다.

거실장 위에 올려두는 것은 1~2개 소품으로 조금씩 달라지지만, 그 종류는 스피커, 화분, 향초의 범위를 벗어나지는 않는다. 거실장 위에 있어야 할 것은 이것이 전부다.

불을 붙여 연기를 내는 향인 인센스는 가는 막대모양이나
원뿔모양 등이 있다. 나는 주로 막대모양을 사용하는데,
냄새와 습기 제거에 효과적일 뿐 아니라
심신 안정에 도움이 되는 아주 유용한 살림 중 하나다.
인센스 입문자라면 훈옥당의 작은 패키지를 추천한다.
길이가 짧아 발연시간도 적당하고 무엇보다 향이 다양해
내 취향이 무엇인지 정확히 알 수 있다.
다만 인센스를 켤 때는 창문을 열어두고
바람이 드나들게 하는 것이 좋다.

우리 가족을 위한 소파 찾기

거실에 소파는 왜 있어야 할까? 텔레비전을 보거나 가족들과 단란히 모여 이야기를 나누기 위해서일까? 아니면 인테리어의 완성을 위해서일까? 아마도 거실의 소파 역시 취향에 따른 것일 것이다. 다만 우리 집에 소파가 있어야 하는 이유에 대해 정확히 알아야 그에 맞는 소파를 고를 수 있다.

우리 집은 아이와 함께 앉아서 책을 읽고 창밖의 풍경을 보기 위한 소파가 필요했다. 그리고 보송하게 잘 마른 빨래를 앉아서 개거나 잠시 눈을 감고 휴식을 취할 수 있는 소파라면 더 바랄 것이 없었다. 따라서 크기가 크거나 목받침이 길게 올라온 소파는 필요 없었고 우리 가족 셋이 나란히 앉을 수 있는 크기의 소파면 충분했다. 구체적으로 용도를 정하고 나니, 디자인을 고르는 것이 수월했다. 색상은 오크색의 나무바닥과 어울리는 베이지 계열이 알맞은 듯해 그에 맞춰 색을 골랐다.

이처럼 소파를 고르기 전, 가족의 라이프 스타일을 체크하면 많은 도움이 된다. 가족이 식사시간 외에도 거실이 아닌 주방의 식탁에 둘러 앉아 있는 때가 많다면 굳이 소파를 두지 않아도 될 테고(혹 거실을 넓게 쓰고 싶은 마음이라도 상관없다), 이와 달리 거실에서 보내는 시간이 많다면 크기가 크고 편안한 소파는 필수일 것이다.

§ 평수에 따른 선택

20평대: 확장 유무에 따라 차이는 있겠지만 넉넉한 사이즈의 삼인용 소파를 두는 게 좋다. 너무 작은 소파는 활용도가 떨어지고, 애매하게 남은 공간은 버리게 될 수 있다. 대략 가로 길이 2.2m 전후의 소파를 선택하면 균형이 맞는다. 나머지 공간은 스탠드나 에어컨, 화분,

액자 등으로 활용하면 왜소한 느낌을 없앨 수 있다.

30평대: 확장한 집이라면 3m 내외의 사인용 소파를 선택하면 좋지만, 그렇지 않은 경우라면 답답해보일 수 있다. 이런 경우에는 삼인용 소파와 일인용 소파를 함께 두는 것도 한 방법이다. 집이 더 넓고 입체적으로 보일 것이다. 여기에 높이가 낮고 디자인이 심플하다면 금상첨화다.

    가족이 거실에서 보내는 시간이 많다면, 어떤 소파를 어떻게 두는지는 매우 중요하다. 실제로 거실에서 가족이 함께 시간을 보내는 모습을 본다면, 모두가 일자형 소파에 나란히 앉는 것이 아니라 서로 어느 정도 얼굴을 마주볼 수 있는 형태를 갖추게 되는데 이삼인용 소파와 일인용 소파를 탄력적으로 둔다면 거실 공간을 두루두루 활용할 수 있을 것이다. 혹 소파를 두기엔 공간이 작은 원룸이나 싱글하우스의 경우에는 데이베드를 추천한다. 낮에는 소파로 사용하고 밤에는 침대로 사용할 수 있는 이 가구는 디자인과 소재가 다양해 각 용도에 맞는 것을 고를 수 있을 것이다.

    그다음으로 소파의 소재에 대해 고민해보자. 소파는 크게 가죽 소파와 패브릭 소파로 나눌 수 있는데 두 소재가 주는 느낌이 제법 달라 다양한 안에서 골라야 나중에 후회가 없다. 그 안을 고르는 팁에 관해 이야기한다면, 우선 내가 어떤 무게의 분위기를 선호하는지를 알아야 한다. 가죽은 묵직하고 단단한 느낌이라면 패브릭은 가볍고 따뜻한 느낌을 준다. 그리고 관리방법에 관해서도 신중히 생각해야 한다. 가죽 소파는 평소에 물기 없는 타월로 닦아주고, 계절마다 가죽 전용 클리너를 사용해 닦아주면 오랫동안 사용할 수 있다.

§ 추천하고 싶은 의자 유형

1. 다양한 공간에 활용할 수 있는 이삼인용 패브릭 소파

2. 일인 의자로 공간 활용이 가능한 소파

3. 다용도로 사용할 수 있는 데이베드 소파

4. 방수가 되는 멀티 소파(아이가 있다면 특히 유용!)

1. 이삼인용 패브릭 소파

2. 일인용 소파

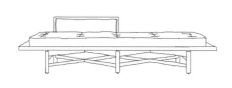

3. 데이베드(소파 침대 겸용)

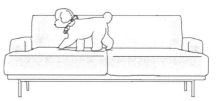

4. 방수 처리된 멀티 소파

패브릭 소파는 평소에는 베이킹소다를 물에 녹여 룸스프레이처럼 뿌려준 다음, 한 시간 뒤 청소기로 먼지를 흡입하고 계절마다는 미온수 세탁을 하면 좋다. 최근에는 방수 처리되어 물걸레만으로도 얼룩이 제거되는 패브릭 소파가 나와 관리가 쉬워졌으니, 혹시나 이 문제로 고민하고 있다면 관련 패브릭 소파를 찾아보는 것도 좋을 것이다.

가족의 형태와 라이프 스타일에 따라 소파의 역할이 다양한 만큼 소파를 선택하는 데는 정해진 답이 없다. 다만 쉽게 바꿀 수 없는 가구인 데다 거실의 반 이상을 차지할 만큼 몸집이 크기 때문에 우리 집에서 어떤 역할을 하고 어떤 분위기를 낼 수 있을지 생각한 다음, 여러 유형을 따져보고 골라야 후회가 없다. 추상적으로 심플한 패브릭 소파, 갈색의 가죽 소파로 제품을 찾기보다는 다음의 한 예처럼 최소한 다섯 가지 이상의 조건을 생각해보고 제품을 찾는 것이 좋다.

§ 소파를 고르기 위한 나만의 구체적인 조건

1. 패브릭 소재의 삼인용 소파

2. 색상은 베이지 톤에서 크게 벗어나지 않을 것

3. 거실 중앙에 둘 것을 대비해 등받이가 높지 않을 것

4. 청소가 편하도록 소파 다리가 있을 것

5. 방수가 되고 물걸레질이 가능한 소재일 것

6. 덧댄 천이 탈부착이 가능해 세탁할 수 있을 것

7. 가격은 정한 한도 내에서 볼 것

8. 가장 중요한 조건! 우리 집 분위기와 잘 어울릴 것

프리츠한센에서 1940년대에 디자인한 의자로
얼굴을 기댈 수 있는 양쪽 날개 덕에
우리는 종종 이곳에서 낮잠을 자곤 한다.

배려가 돋보이는 러그

그동안 사용한 러그는 대부분 면으로 된 와플 러그로 러그를 쓰기 시작한 이유는 단순히 아이 때문이다. 소재가 부드러워서 여전히 아이방에서 잘 사용하고 있는데, 다만 세탁을 할수록 보풀이 생기고 와플 모양의 특성상 얼룩이 스며 쉽게 지워지지 않는 단점이 있었다. 게다가 더운 계절에는 더 덥게 느껴지는 것도 문제였다. 그래서 우리 가족이 가장 많은 시간을 보내는 거실에 둘 러그만큼은 조금 특별한 것으로 하고 싶었다. 그런 마음으로 여러 종류의 러그를 눈여겨보았다. 나는 가격은 좀 나가더라도 사계절 두루두루 사용할 수 있는 색과 소재로, 단단해서 쉽게 망가지지 않는 오래 쓸 수 있는 제품을 구하고 싶었다. 그리고 주부살림 6년차 끝에 거실 러그의 종착점을 찍었다.

내가 사용하고 있는 러그는 100% 폴리프로필렌 소재로 그동안 사용한 면러그,

사계절 무난한 색상과 무늬로 세탁까지 편리해 마음에 쏙 드는 러그이다.

장모러그, 샤기카펫과 관리법이 조금 다르다. 이 소재는 물걸레질이 가능해 나는 주 3회 이상 청소기를 돌린 후 물걸레질을 하고, 날이 맑을 때에는 빨래건조대에 올려 건조시키기도 한다. 큰 얼룩은 바로바로 닦아내면 쉽게 지워져 관리가 정말 간편하다. 면러그나 카펫만큼 부드러운 소재는 아니지만 촘촘히 짜여 있어 밟으면 밟을수록 안정감을 준다. 게다가 계절을 타지 않아 사계절을 하나의 러그로 생활할 수 있으니 계절 변화에 민감한 나에게 더할 나위 없이 고마운 살림이다.

그리고 러그를 구매할 때, 크기 때문에도 고민이 많은데 러그를 둘 곳 주변의 가구 길이보다 좀 더 여유 있는 크기로 하면 좋다. 특히 거실의 소파 앞에 두는 러그라면 소파 길이보다 40~50cm 정도 긴 제품으로 하면 나중에 크기 때문에 실패할 확률이 적을 것이다. 가장 중요한 건 러그로 공간을 모두 채워야 한다는 생각을 가지지 않는 것이다.

알맞은 러그를 고르기 위한 tip

1. 계절 타는 소재는 피하기

2. 패턴이나 무늬는 최대한 없는 것으로 고르기

3. 러그를 둘 바닥과 비슷한 톤의 색으로 고르기

4. 세탁과 관리가 쉬운 소재 고르기

5. 무엇보다 우리 집 분위기와 어울리는 제품으로 고르기

집 안 곳곳에 한 폭의 그림 두기

나는 집 안 곳곳에 그림을 두어 분위기를 바꾸는 것을 좋아한다. 지인의 집에 놀러갔다가 공간과 잘 어울리는 액자가 걸려 있으면 집주인이 얼마나 세심하게 그 그림을 골랐을까 하는 마음에 감탄이 절로 나온다. 한 공간에서 그림이 빛을 발하려면 그림의 크기, 높이 등 여러 조건과 공간이 어우러져야 하기 때문이다. 내게는 그림에 관한 흑역사가 있는데 한번은 노란색의 소파 그리고 빨간색의 쿠션과 색을 맞춰야겠다는 생각에 과감히 빨간 꽃과 노란 꽃이 그려진 액자 2개를 소파 위에 설치한 적이 있다. 삼인용 소파가 겨우 들어갈 만한 크기의 거실이었는데 그 큰 액자 때문에 집은 더욱 좁아보였고 산만하기 짝이 없었다.

또 한번은 한창 유행하던 고래 액자를 구매해 설치한 적이 있는데 며칠 지나지 않아 금세 싫증이 나서 처치 곤란인 적도 있었다. 이러한 일을 몇 차례 겪으니 그림을 고르는 데 더욱 신중해졌다. 어느 공간에 두어 얼마만큼 시너지를 낼 것인지 꼭 생각해보아야 할 부분이다.

안방과 아이방 사이의 복도.
무언가 심심하고 허전하다.

49

강호연, 〈Coexistence No.8〉.
무심히 스친 공간에 취향을 담으니 가족이 위안 삼을 수 있는 곳이 하나 더 생겼다.

그리고 중요한 한 가지! 타인의 시선을 생각해 유행하는 그림을 선택하지 말고 온전히 내 취향을 담자. 유행하는 그림 한 점이 있는 것만으로 내가 매우 섬세한 사람인 듯한 느낌을 자아낸다(북유럽 인테리어가 한창 인기였을 때는 큼지막한 알파벳 그림이 유행했고, 미니멀 라이프와 자연스러운 인테리어가 인기였을 때는 원목 액자에 담긴 드로잉이 유행했다). 물론 인기가 많은 그림이 그만큼 좋은 작품임은 틀림없지만, 이미 눈에 익은 그림을 나의 아주 사적인 공간인 집으로까지 가져오는 것은 생각해보면 꽤 지루하고 피곤한 일일 수 있다. 처음부터 어떤 그림이 내 취향인지 아는 사람은 전문가가 아닌 이상 드물다. 그림 역시 많이 보고 많이 느끼는 수밖에 없다.

Marie Laurencin, ⟨Les Biches⟩.
마리 로랑생 특별전을 보고 사온 엽서를 액자에 넣어 걸어두었다.

1. 작은 액자일 경우 꼭꼬핀(벽지에 꽂아쓰는 다용도 걸이개)으로 설치할 수 있지만 벽지에 구멍이 생기니, 되도록이면 위치를 고정해둘 만한 곳에 거는 것이 좋다.

2. 액자 아랫부분이 뜨는 경우에는 제거 시 자국이 남지 않는 고무접착제를 붙여주면 깔끔하게 고정된다.

3. 액자를 높이 달아야 한다는 고정관념을 버리자. 어느 위치에 두든 그림을 보는 시선이 편안하다면 그 위치가 맞다.

분위기에 맞는 커튼 고르기

하루 종일 커튼을 치고 지내는 것도 아닌데 커튼을 잘 골라야 하는 것은 왜일까? 실제로 커튼은 우리가 생각하는 것 이상으로 집의 분위기뿐 아니라 그곳에 살고 있는 사람의 기분까지도 좌우할 만큼 중요하다. 예를 들어 어떤 집에선 깔끔해보이던 회색 커튼이 다른 집에서는 어두컴컴해 다시 맞추어야 하는 경우도 있다. 똑같은 커튼이 다르게 보인 이유는 집의 벽지와 바닥의 톤 그리고 가구와 전등의 색이 다른 탓이었다. 이처럼 커튼을 선택할 때는 커튼 자체도 중요하지만 집 안의 톤과 그 외에 여러 가지를 고려해 신중히 골라야 한다. 그래야만 공간이 더 넓고 아늑해보인다. 나는 하얀색 커튼을 좋아해 그동안 소재

커튼을 쳐도 따스한 햇살이 들어오는 나비주름의 쉬폰커튼.

로 변화를 주었다. 봄여름에는 건조와 통풍이 잘되는 시원한 리넨 소재를 사용했고, 가을과 겨울에는 심한 외풍을 막아줄 암막커튼을 사용하였다. 이사 오기 전의 집은 지어진 지 20년이 넘은 아파트였기 때문에 거실 발코니를 확장하지 않아도 외풍이 많이 들어와서 겨울철 암막커튼은 필수였다. 하지만 지금 살고 있는 집은 거실 확장을 했지만 창틀과 단열공사도 함께한 덕에 겨울철 외풍은 거의 없다. 오히려 빛을 완벽히 차단하는 암막커튼 때문에 해가 늦게 뜨는 겨울철은 집이 너무 어둡게 느껴져 여름에 사용하던 쉬폰커튼을 달아 햇빛이 들어올 수 있도록 했다.

취향에 맞게 커튼의 재질과 색을 골랐다면, 다음은 가로세로의 길이를 재고 커튼봉은 어떤 것으로 할 것인지를 골라야 한다. 사람마다 다르겠지만 나는 커튼이 바닥에 닿을락 말락 하는 길이를 선호한다(가장 자연스럽고 깔끔해보인다). 취향에 맞게 커튼의 길이를 맞추면 되지만, 바닥을 침범하는 길이는 쉽게 지저분해지고 반대로 너무 짧은 경우에는 왠지 촌스러운 느낌에 엉성해보일 수도 있으니, 신중히 생각해야 할 부분이다. 판단이 어렵다면 업체마다 제작방법이 다르니 충분한 상담 후 정하는 것도 좋은 방법이다.

상황별로 암막커튼과 속커튼을 고르는 tip

1. 암막커튼은 편안한 숙면을 위해 빛을 차단하는 용으로 안방에 설치하거나 거실에 외풍이 심하게 들어오는 경우 사용하는 것이 좋다. 다만 거실의 경우 속커튼도 함께 설치하면 보온효과도 높일 수 있을 뿐만 아니라 낮에는 암막커튼은 양쪽으로 몰아두고 속커튼

만 쳐서 거실로 들어오는 햇살을 온전히 느낄 수 있다.

2. 암막기능은 필요하지 않고 밝은 분위기를 연출하고 싶을 때는 속커튼만 사용하면 된다. 이때 일반 주름보다 더 촘촘한 나비주름으로 맞추면 특별한 관리 없이도 주름을 일정하게 유지할 수 있다. 속커튼은 일반적으로 비침이 심해 사생활 보호가 되지 않을 것이라 생각하지만, 두께감이 있는 제품으로 선택하면 비침 없어 저층 아파트에서도 사용하기에 좋다.

커튼 세탁하는 날

이른 아침 눈을 뜨자마자 커튼을 세탁하기 위해 거실로 나갔다. 커튼 세탁에는 건조까지 꽤 시간이 걸리기 때문에 일찍 시작하는 것이 좋다. 스툴을 밟고 올라가 커튼봉에서 커튼을 분리하고 꽂혀 있던 핀도 하나씩 뽑았다. 평소에는 청소기나 먼지떨이로 먼지를 털어내고, 그 바닥은 물걸레질로 마무리한다. 그리고 계절이 바뀌면 커튼을 빤다. 1년에 몇 번 하는 일도 아닌데 매번 귀찮고 손이 많이 가서 커튼 없이 살아볼까 하는 생각도 들지만, 밖에서 안이 훤히 보이는 저층집이라 어쩔 도리가 없다. 대신 커튼 빨래는 나의 의욕과 긍정적인 에너지가 하루 중 가장 충만한 오전에 한다. 하고 싶지 않지만 꼭 해야 하는 일이 있을 때에는 그리고 감사히도 그것을 실행할 시간을 선택할 수 있을 때에는, 오후보다는 오전에 해보길 권한다.

커튼 빨래는 드라이클리닝을 해야 하는 소재를 제외하고는 울샴푸로 가볍게 물세탁하는 것이 가장 좋은데, 중요한 건 세탁하기 전에 청소기로 먼지를 제거하는 일이다. 먼지를 제거한 다음 오염 정도에 따라 세탁기를 이용할 것인지 간단히 손세탁을 할 것인지 정하면 되는데, 세탁기를 자주 이용하면 아무래도 커튼의 수축, 물빠짐 등의 문제가 생길 수 있으니 소재에 따라 세탁법을 적절히 활용하면 된다.

손세탁을 할 경우에는 중성세제를 푼 미온수에 커튼을 20분 정도 담가둔 다음, 발로 꾹꾹 밟아 찌든 때를 제거한다. 쉬폰커튼처럼 탈수가 용이한 소재는 건조대를 활용하고 손으로 물기를 짜기 힘든 두꺼운 소재는 세탁망에 넣어 세탁기 탈수코스를 이용하면 좋다. 마지막으로 탈수를 마친 커튼은 바람이 잘 드는 곳에 잠시 널어두었다가 커튼봉에 걸어 자연건조하면 된다.

§ 추천 커튼

1. 베이지색의 암막커튼

부드러운 베이지색의 리넨 소재로 자연스럽고 따뜻한 침실 분위기를 내기에 좋다. 무게감이 있어 방풍이나 암막효과에도 뛰어나다. 하얀색 속커튼과 함께 사용하면 암막커튼만 사용했을 때보다 풍성하고 밝은 분위기를 연출할 수 있다. 커튼을 쳤을 때, 살짝 주름이 잡혔으면 한다면 x1.5배(천장 너비, 즉 커튼을 달 공간 x 1.5)로 맞추면 된다.

2. 하얀색의 쉬폰커튼

일반 쉬폰커튼보다 두껍고 밀도가 높아 밤에도 비침이 거의 없어 단독으로 사용해도 좋다. 겨울을 제외하고는 메인 커튼으로 사용해도 적당하고, 단열이 잘된 공간에서는 사계절용으로 사용하기에도 좋다. 주름은 x2배로 하면 훨씬 멋스럽다.

3. 연회색의 폴리에스테르와 리넨의 조합 커튼

언뜻 보면 하얀색으로 보이는 은은한 연회색은 여름과 꽤 잘 어울린다. 리넨 특유의 질감으로 더 시원한 느낌도 든다. 소재의 특성상 먼지가 별로 나지 않기 때문에 관리가 쉬워 편리하다.

4. 암막과 레이스의 조합 이중커튼

베이지색과 하얀색의 조합으로 편안하면서도 그윽한 분위기를 연출할 수 있다. 일반 암막 커튼과 달리 자연스러운 질감으로 사계절용으로 사용하기에 적절하다.

알맞은 커튼주름을 고르기 위한 tip

×1배 주름: 커튼을 펼쳤을 때 주름이 없는 형태로, 가리개 형태로 적합하다.

×1.5배 주름: 가장 보편적이며 적당한 주름이 잡히는 구조로 어느 방이든 적절하다.

×2배 주름: 풍성한 주름을 원한다면 이 형태도 좋다. 속커튼이나 얇은커튼으로 추천한다.

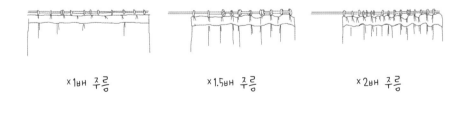

×1배 주름　　　　　×1.5배 주름　　　　　×2배 주름

나비주름이라고도 하는 x2배 주름커튼으로 밖에서 안이 보이지 않는다.

거실의 살림,
자리 정해주기

서랍장을 정리하다 보면 별별 살림이 다 나온다. 분명 처음 정리할 때 차곡차곡 기준을 세워 넣어두었는데 어느새 뒤죽박죽 되어버렸다. 예를 들어 포스트잇 하나를 구입해 사용하다 서랍 빈 칸에 넣어 두었는데, 한동안 사용하지 않아 그 존재를 잊게 된다. 그리고는 또 포스트잇을 사러 근처 문구점을 찾는다. 그리고 또 다시 며칠 후 그 포스트잇을 찾으려면 어디에 두었는지 기억이 가물가물하다. 처음부터 포스트잇이 있어야 할 자리를 정해, 그곳에 보관했더라면 이런 일이 없었을 텐데…. 심지어는 이렇게 잊힌 물건이 한둘이 아니다. 각 물건의 자리를 만들어주는 것 그리고 온 가족이 그 자리를 공유하는 것은 정말 중요하다. 기준을 정해 물건을 수납하면 굳이 라벨지를 붙이지 않아도 가족이 자연스럽게 물건의 위치를 기억하게 된다.

사람들이 우리 집에 오면 대개 하는 질문이 있다. "집에 물건이 왜 이렇게 없어요?" 아니다. 우리 집에도 있을 건 다 있다. 다만 용도에 따라 서랍장에 잘 보관해 두었기 때문에 눈에 보이는 물건이 없을 뿐이다. 바로 수납법의 차이다. 대부분의 살림이 밖에 나와 있지 않고 수납공간에서 자리를 지키고 있는 것!

나에게는 지금의 수납공간이 넘치지 않도록 하는 나름의 규칙이 있는데, 첫째는 하나만 있어도 불편함이 없는 살림, 예를 들어 가위나 테이프 같은 물건은 반드시 모두 소진한 다음 구입한다. 둘째, 모든 물건은 사용 후 바로 제자리에 두는 것이다. 이 두 가지 규칙만 잘 지켜도 집이 훨씬 단정해질 것이다.

수납공간은 크게 세 구역으로 나누면 좋다. 한 공간에는 1년에 한두 번 사용하는 물건으로 여행용 가방이나 어릴 적 추억이 담긴 물건 등을 보관한다. 사용할 일은 거의 없지만 버리기엔 추억이 있는, 각자의 허용선을 정해 아주 최소한의 물건만 보관하면 된다.

또 다른 공간에는 가족들의 취미생활(책이나 음악 CD)을 위한 물건을 보관한다. 그리고 나머지 한 공간에는 문구류나 상비약과 같이 자주 사용하는 물건을 가족들의 동선이 잦은 쪽에 둔다(나는 각각 안방 발코니, 거실 수납장, 서재 순서에 따라 보관한다).

공간의 목적과 동선에 맞춰 물건을 정리하다 보면, 어느새 집은 우리 가족의 생활습관에 최적화된 상태가 된다. 다만 한 번에 모든 공간을 정리해야겠다는 생각은 조급증만 더할뿐 정작 정리하는 데는 전혀 도움이 되지 않으니 일상 속에서 하나씩 정리해 나가자.

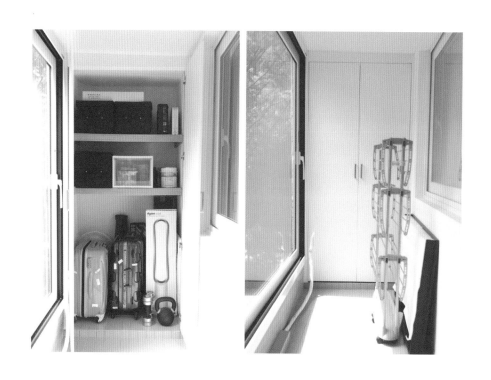

안방 앞 발코니 수납장으로 에어컨 실외기와 빨래건조대를 두고 사용한다. 이 외 큰 짐은 모두 발코니 수납장에 넣어놓는다. 한 계절에만 쓰는 소형 가전제품은 구입할 당시 박스에 보관하면 먼지도 덜 쌓이고 그 위로 다른 물건을 올려놓기도 수월하니, 부피가 큰 박스가 아니라면 버리지 말자.

여행용 가방이나 캠핑용품 같은 덩치가 큰 살림은 가장 아래에 수납한다. 안쪽에 있는 물건을 꺼내기 위해 바깥에 있는 물건을 모두 꺼내야 하는 수고를 덜려면 각각의 물건을 일정 간격을 두고 보관하는 것이 좋다.

우리 집의 생활살림 대부분은 서재에 있는 TV장에 보관한다. 한눈에 볼 수 있도록 바구니에 담아 보관하면 굳이 라벨지를 붙이지 않아도 쉽게 물건을 찾을 수 있다. 나는 가구나 가전제품의 보증서 및 설명서도 정리해서 보관하는 편인데, 어느 날 갑자기 필요할 때 금방 찾을 수 있으니 쓸데없이 기분 상할 일이 없어 좋다.

§ 수납정리 순서

1. 정리할 공간(서랍장)을 정한다.

2. 가장 물건이 많은 곳부터 비운다.

3. 물건은 세 가지로 분류한다.

    - 꼭 필요한 살림(상비약, 자주 사용하는 사무용품 등)

    - 버리기 애매한 살림(책이나 음악 CD 등)

    - 정리할 살림(1년 이상 사용하지 않은 물건)

4. 정리할 살림은 다양한 방법(버리기, 중고판매, 물려주기)으로 비운다.

5. 버리기 애매한 살림은 임시로 다른 공간에 보관한다.

6. 꼭 필요한 살림은 수납용기를 사용해 수납한다.

7. 또 다른 공간의 살림을 1~6번의 과정을 거쳐 정리한 다음

    처음 공간에서 정리한 살림과 합해

    꼭 필요한 살림은 한 공간(서랍장)의 가장 용이한 곳에 수납한다.

8. 버리기 애매한 살림 역시 하나로 모아 수납한 다음, 3개월간의 유효기간이 지나면

    필요한 것과 아닌 것을 분류한다.

Before

↓

After

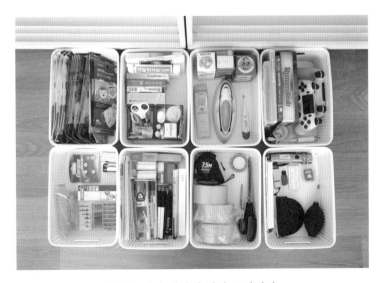

용도에 따라 상자에 담아 보관한다.

그리너리로
인테리어 완성하기

　　며칠 전, 지난여름 데리고온 극락조에 새순이 돋았다. 그러더니 웅크리고 있던 몸을 금세 활짝 펼치며 내게 인사했다. 식물의 새순이 돋는 과정을 이렇게 가까이에서 확인하니, 그 작은 잎 하나 돋아내기까지 이 아이가 얼마나 애를 썼을지 대견한 생각이 든다. 식물 하나하나에 마음을 쓰는 나를 보며 남편은 그 애정의 반의반이라도 자신에게 달라는 농담을 던지고는 방으로 조용히 들어간다. 이 소소한 행복에 깊이 감사한다.

　부정적인 성향이 강했던 내가 점차 밝은 사람으로 변화할 수 있었던 데에는 나무와 갖가지 식물이 큰 역할을 해주었다. 더불어 나무가 많은 지금의 동네로 이사를 오면서 나는 급속도로 여러 종류의 나무 그리고 식물과 친해졌다. 관상용으로 식물이나 꽃을 샀던 예전과 달리 직접 분갈이도 하고 심지어는 말도 걸며 많은 애정을 쏟았다. 주변을 둘러보면 예전에 비해 많은 사람들이 가정에서 식물을 키우고 있는 듯하다. 아마도 미세먼지의 영향이 가장 크지 않을까 싶다. 물론 화분 1~2개로 아주 극적인 정화효과를 기대하긴 어렵겠지만 식물과 점점 친해지면서 하나둘 입양한다면 지금보다 훨씬 쾌적한 공간에서 쉴 수 있으리라. 그리고 정서적 안정감과 멋스러운 인테리어는 덤이다!

공기정화능력이 뛰어난 극락조. 안방과 아이방 사이 복도에 두었다.

그리너리로 완성하는 인테리어

　그 사람이 무엇을 좋아하는지 알면, 어떤 성향의 사람인지 금방 알수 있다. 그중에서도 나는 좋아하는 식물이나 꽃에 관해 이야기하다 보면 더욱 금방 알게되는 것 같다. 이상하게도 그 사람의 분위기는 그 사람이 좋아하는 식물과 묘하게 닮아 (실례일 수도 있겠지만) 누군가에 좋아하는 식물이나 꽃이 무엇인지 묻는 일은 내게 꽤 진지하고도 흥미로운 일이다. 예전의 나는 화려한 꽃을 좋아했다. 사회생활을 하던 시절, 사무실 책상 한편에 내가 제일 좋아했던 해바라기를 두면 그 어떤 우울한 순간에도 금방 생기가 돌았다. 그런데 지금은 색이 다채로운 꽃보다는 선인장이나 다육식물이 더 마음에 든다. 언제부터인지 모르겠지만 분명 좋아하는 식물이 달라졌다. 이파리와 줄기가 조용하고 단아한 것으로 말이다.

현재 나는 전업주부로 살아가고 있다. 든든한 남편이 있고 사랑스러운 아이도 있지만, 가끔 오로지 나에 관해서만 생각한다면 불편하게 밀려오는 감정이 있다. 그럴 때마다 스스로 마음을 다독일 수 있는 소일거리를 찾게 되는데 내게 그 일은 글을 쓰는 것과 식물을 키우는 것이다. 아마도 그러면서 좋아하는 식물의 취향이 바뀐 것 같다. 집 안 곳곳의 화분에 시선을 옮길 때마다 행복과 위안을 받으면서 말이다.

우리 집에는 국적이 다양한 토분에 여러 식물이 담겨 있다. 플라워클래스를 통해 식물을 잘 키우는 요령에 관해 배워보기도 했지만, 식물에게도 생명이 있기에 그것만으로는 충분하지 않았다. 잘 자라는 것 같다가도 갑자기 잎이 노래지거나 몸을 웅크리며 아파했다. 물론 그 식물 나름대로 아픈 내색을 했겠지만 (내가 못 알아챈 것일 수도) 그럴 때마다 정말 속상하다. 그러니 혹 식물 초보자라면 처음부터 여러 식물을 키우려 하지 말고, 하나씩 데려와 정성껏 키우는 것이 좋다.

나는 새로운 식물을 들일 때마다 정말 행복하다. 어쩜 이렇게 매번 감사하고 행복한 마음이 드는지 신기하다. 식물 초보자 시절, 친정 부모님과 시댁 부모님 모두 한결같이 말씀해주셨다. "식물도 사랑 받는 만큼 자라는 거야!" 한때 식물 키우는 일에 별거 있나 싶은 생각을 하던 차에 생명력이 강하다던 다육식물을 떠나보내고는 한동안 식물을 키울 엄두가 나지 않았다. 결국 내가 깨달은 건 사람에게 애정을 쏟듯 식물에게도 애정을 쏟아야 그 사랑을 먹고 쑥쑥 자란다는 것이다.

그렇게 다육식물을 떠나보내고 데려온 식물은 뉴질랜드 야생화인 마오리 소포라였다. 돌이켜보면 정말 많은 애정을 쏟았고, 쏟고 있다. 그 마음에 보답이라도 하듯 지금까지 건강하게 우리 집 한 공간에 자리하고 있다. 마오리 소포라는 생김은 단아하지만 의기양양한 자태를 뽐내 마음에 든다. 가끔 잎이 노랗게 변하기도 하지만, 금세 새잎이 잘 돋아나는 생명력이 강한 아이다. 영하 20도의 환경도

처음 키우기 시작한 마오리 소포라. 이 아이에게는 전용 스툴을 내주었다.

견딘다고 하지만 겨울은 실내에서 나는 것이 좋다. 또한 과습에 약하니 겉흙이 마를 때만 조금씩 물을 줘야 한다.

주방에는 싱크대를 사용할 때 방해가 되지 않도록 작은 크기의 녹태고를 두었다. 녹태고는 전자파 차단에 도움이 된다고 알려져 있지만 그 효과보다는 단지 보고만 있어도 기분이 좋아지는, 그 심리적 안정감 때문에 두었다. 녹태고는 단단하면서 동글동글한 귀여운 수형으로 식물 초보자가 키우기에도 어렵지 않다. 직사광선만 피해, 적당한 햇빛과 바람이 잘 통하는 곳이라면 어디서든 쑥쑥 자란다. 물은 한 달에 한두 번 정도 흠뻑 주면 좋다.

겉흙이 말랐는지 확인하는 tip

겉으로 보기에 구분이 잘되지 않는다면, 나무젓가락으로 흙 깊이 찔러보자. 흙이 묻어나오지 않는다면 흙이 마른 것이다. 이럴 때엔 햇살 좋은 날 아침에 흠뻑 물을 주면 된다.

덩굴성 다육식물로 계속해서 길어지는 아이, 녹태고. 아담한 토분도 마음에 쏙 든다.

검은색의 단단한 가지에 자그마한 잎 그리고 잎 뒷면이 은빛으로 빛나는 식물, 마오리 코로키아의 매력은 끝이 없다. 직사광선을 피해 아이의 방 한쪽에 두었지만 바람을 좋아하는 식물이라 자주 환기를 해줘야 하는데 이러한 수고로움은 오히려 반갑다.

허브의 한 종류인 유칼립투스도 키우고 있다. 은은한 향을 퍼뜨리는 것이 이 식물의 최고 매력이다. 유칼립투스는 유난히 물을 좋아하고 강한 햇빛보다는 약한 빛이 드리운 그늘을 좋아한다. 어디에 둘지 고민하다가 비염이 있는 남편을 위해 침실에 두었다. 드라이플라워로 많이 봤던 이 아이를 화분에 담아두니 훨씬 예쁘고 멋스럽다. 유칼립투스는 종류가 다양한데 그중에서도 나는 동그란 잎이 듬성듬성 달린 폴리안이 제일 마음에 든다.

겨울 햇빛과 바람을 좋아하는
한 폭의 그림 같은 마오리 코로키아.

유칼립투스 그 특유의 향은 비염에도 좋고 모기 퇴치용에도 효과적인 기특한 아이이다.

라탄바구니에 담아 걸어놓으니 더 앙증맞고 귀여운 디시디아.
보기만 해도 청량감이 느껴진다.

계절에 맞는 소품을 식물과 함께 두면, 그 계절이 더 특별하게 느껴진다. 나는 각 계절에 어울리는 소재의 걸이용 화분에 식물을 담아, 변화를 주곤 한다. 봄이 오면 그동안 달아두었던 마크라메를 떼고 자그마한 라탄바구니에 디시디아를 올려둔다. 디시디아는 흙 대신 코코넛 껍질에 끼워진 공중식물로 공기정화뿐 아니라 가습효과도 있어 아이방에 두면 참 좋다. 건조한 계절에는 한 달에 3~4회, 장마철에는 2~3회 정도로 가득 채운 대야에 5분 정도 담가두었다 빼면 좋다. 작은 변화로 집에는 생기가 돈다. 이곳에 살고 있음에 감사한 이유가 또 하나 생겼다.

식사준비를 할 때면, 발코니에 있는 허브를 가져와 한잎 두잎 떼어 요리 재료로 쓰기도 한다. 집에서 식용가능한 식물을 키우는 일은 제법 흥미로운 일이다. 보는 것만으로도 즐거운데 심지어 먹을 수도 있다니. 그것도 내가 직접 키운 것

요리하는 즐거움을 더해주는 로즈마리(좌)와 바질(우).

으로 말이다! 한동안 이 흥분이 가시지 않아 며칠 동안 허브가 들어가는 요리만 했더니 가족들은 조금 힘들었을지도 모르겠다. 근데 허브를 하나둘 늘리다 보니 키우기가 생각보다 까다롭다. 빛도 중요하지만 통풍에 예민한 탓에 바람이 잘 드나드는 곳에 두고 키워야 한다. 그래서 다른 식물에 비해 손이 많이 간다. 하지만 허브의 매력에 한 번 빠지면 헤어나오기 힘든 것인지 자꾸 허브를 늘리고 있다.

　허브는 바로 잎을 따서 활용해도 좋지만, 말린 다음 사용해도 좋다. 어떤 종류는 향이 더 진해져 풍미를 돋우기도 하고, 가루로 만들어 사용하면 다채롭게 활용할 수 있다. 겨울을 잘 나는 허브도 있지만 그렇지 않은 경우엔 겨울이 오기 전에 잎을 말려 사용하면 한동안 요긴하게 쓸 수 있으니 이 방법도 활용해보자.

§ 키우기 좋은 허브 추천

1. 파슬리: 이탈리안 요리에 자주 사용되는 파슬리는 마트에 가면 쉽게 구할 수 있는 허브 중 하나다. 다만 집에서도 큰 수고 없이 키울 수 있는 허브 중 하나이므로 키우는 재미를 느껴보길 권한다. 파슬리는 적당한 햇빛이 드는 곳이면 잘 자란다.

주의할 점은 잎이 오글오글 서로 붙어나기 때문에 통풍이 잘되지 않으면 진딧물이 생길 수 있으니 수확을 자주 하고 충분히 바람을 쐴 수 있도록 하는 것이 좋다.

2. 월계수: 추위에 약한 식물로 실내에서 키우기 적합한 허브이다. 타원형의 잎을 비비면 그 향이 진하게 올라온다. 싱싱한 생잎은 쓴맛이 나지만 말리면 단맛과 향이 진해져 차(茶)로 만들거나 육류, 어류 등의 요리에 잡내제거용으로 사용해도 좋다. 또한 방충효과도 있어 쌀통에 말린 월계수 잎을 1~2장 넣어놓으면 쌀벌레를 예방할 수 있다.

주의할 점은 잎이 아닌 다른 부위에는 유독성분이 있으니 잎만 활용해야 한다.

3. 바질: 햇빛과 통풍이 좋은 곳에 두면 빠른 속도로 성장하는 허브이다. 특히 물을 좋아하기 때문에 한여름에는 이른 아침, 흙이 반 정도 말랐을 때 물을 주는 것이 좋다. 생바질은 다른 허브와 달리 요리의 주재료로 쓰이기도 하는데 마늘과 올리브오일을 섞어 바질 페스토를 만들어도 좋고, 건조시킨 다음 가루로 만들어 소금과 배합해 허브 솔트로 사용해도 좋다.

주의할 점은 추위에 약하기 때문에 겨울에는 꼭 실내에서 키워야 한다.

전용 건조기로 말려도 좋지만, 빨래를 널 듯 허브를 끈에 달아 말리거나 깨끗한 천 위에 올려놓고 말리는 방법도 있다. 자연바람으로 건조하기 때문에 시간이 좀 걸리기는 하지만 집안의 향도 좋아지고 자연스러운 장식 효과를 주기에 나는 종종 이 방법으로 허브를 말리기도 한다.

주부인 내가 하루를 시작하고 마무리하는 공간.

하룻밤 사이 바짝 마른 그릇들을 제자리에 넣고 주전자의 물이 끓는 동안

가볍게 스트레칭을 하며 온전히 깨지 못한 몸을 움직인다.

맞벌이 시절에는 먼저 일어나는 사람이 가볍게 아침을 준비했고,

아이가 갓 태어났을 때에는 밤새 아이와 씨름하느라 한숨도 못 잔 탓에

남편이 아침식사를 준비했다.

그랬던 시간이 지나고 이제는 주방의 주인이 온전히 내가 되었다.

kid's room

Kitchen

Bath room

Bed room

Living room

Study room

Balcony

───

주방에
취향을 담아라

      단정한 공간에 있으면 마음이 편안해진다. 그리고 그 공간의 주인이 되는 일은 참 매력적이고 설레는 일이다. 단정한 공간을 만들기 위해서는 필히 '정리'라는 행위가 필요한데, 사람마다 이 일은 어렵기도 쉽기도 한 듯하다. 다행히 나에게는 그리 어렵지 않은 일이다. 특히 마음이 심란할 때, 공간을 정리하며 안정을 찾는 부류의 사람에 속하는 나로서는 정리하는 일은 신나고도 개운한 일이라고 할 수 있다. 덧붙여 아주 사소한 정리로 삶에 극적인 변화를 줄 수 있으니 더할 나위 없이 흥미진진하다. 정리하는 일을 복잡하고 귀찮게 생각할 필요 없다. 심플하게 생각하자. 일단 몸을 움직이자.

    주부가 되고 나니, 내게 가장 많은 에너지와 영감을 주는 공간은 주방이 되었다. 주방은 나를 위해 그리고 가족을 위해 먹거리를 준비하는 곳이다. 쌀을 씻고 채소를 다듬고 반찬을 만든다. 이처럼 주방의 시간은 분주히 흘러간다. 싱크대는 식재료와 조리도구로 꽉 차 있다. 물론 주부가 되고 나니 하루 몇 번씩 주방에서 반복되는 일과는 종종 짜증스럽기도 하다. 나는 이 감정을 '살림 슬럼프'라 부른다. 살림 슬럼프가 왔을 땐, 하던 것을 잠시 멈추는 것이 현명하다. 하지만 현실은 쉽사리 그럴 수 없다는 게 안타깝다.

    그렇다면 어떻게 해야 할까? "피할 수 없으면 즐겨라!" 이 말을 떠올려보자. 그리고 적용해보자. 주방에 취향을 넣어보는 것이다. 내 취향을 주방에 가장 확실히 입히기 위해서는 인테리어를 바꾸는 것이 가장 좋지만, 인테리어를 바꾼다는 것은 돈과 시간 등 부수적으로 고려해야 하는 것이 많기 때문에 쉽게 실행에 옮기기가 어렵다. 그렇다면 규모를 좀 줄여 부분 인테리어나 소품을 바꿔보자. 주방 벽지를 페인트나 시트지를 활용해 분위기를 바꿔본다거나 식탁 위 조명을 바꾸는 것만으로 엄청난 효과를 볼 수 있을 것이다. 하지만 이마저도 부담스럽다면, 좋아하는 사진이나 글귀를 담은 메모지를 싱크대 위 혹은 냉장고에 붙여보는 것도 좋다.

지난가을, 아이가 주워온 단풍을 말려 주방 한쪽에 붙여놓았다.
볼 때마다 이 단풍을 주우며 신기해하던 아이의 얼굴이 떠올라 자꾸 웃음이 난다.

이병률 작가의 《끌림》의 한 구절을
엽서에 적어 붙여놓았다.
계절마다 혹 부지런하다면 매월,
좋아하는 문구를 달리 적어 붙여놓으면
그 공간이 더욱 소중해진다.

주방은
어떤 구조가 좋을까?

지금 살고 있는 집의 인테리어 공사를 결심하고 내가 가장 공을 들인 부분은 바로 주방이다. 통일감과 개방감을 유지하면서 모든 공간을 완전히 활용할 수 있는 구조로 만들고 싶었다. 하지만 후드와 수도의 위치 등 고려해야 할 사항이 많아, 바라는 사항을 모두 반영한 디자인을 만드는 일은 쉽지 않다. 이럴 때 욕심을 버리고 정말 이것만은 포기 못하겠다 싶은 사항들만 잘 넣어도 다양한 방법으로 디자인을 시도해볼 수 있기 때문에, 시공이 한결 수월해진다. 나 또한 몇 가지는 타협해야 했지만 끝까지 고수한 사항들은 다음과 같다.

§ 내가 바랐던 주방의 조건

1. 싱크대가 식탁이 있는 거실 쪽을 바라보는 방향으로 있을 것

2. 상부장이 없는 대신 수납공간을 충분히 확보할 것(하부장 설치)

3. 냉장고를 포함해 모든 주방살림은 외부에서 보이지 않도록 할 것

4. 식탁은 주방 안에 배치할 것

5. 수납영역, 준비영역, 세척영역, 조리영역 그리고 식사영역,

   이 다섯 단계의 영역이 연결되어 있을 것

다섯 가지 기준을 반영한 우리 집 주방의 모습.

이 다섯 가지를 기준으로 주방 구조를 여러 형태로 시뮬레이션 해보았다(이 과정에서 구조상 작업이 어려운 형태를 가릴 수 있다). 기본 꼴인 1자 주방은 싱크대가 벽을 보는 방향으로 수납영역과 세척영역의 거리가 멀어보였다. 그리고 11자와 ㄷ자 구조를 반영하기엔 공간이 작았다. 그리고 무엇보다 식탁을 주방 안에 배치할 수 없어 배제해야 했다. 중앙에 싱크대가 있는 아일랜드형 주방 역시 공간과 수납이 부족해 고려사항에서 일찌감치 빼야 했다. 여러 가지를 검토한 결과, ㄱ자 구조가 우리 집 구조에 가장 적절했다. 필요한 부분만 조금 응용해 설계하면 내가 바라던 주방을 만들 수 있었다. 하지만 이처럼 인테리어를 바꿀 수 없는 경우가 다반사인데, 이럴 땐 어떻게 해야 할까? 바로 수납으로 변화를 주면 된다.

우선 수납하기에 앞서, 주방의 동선에 맞춰 수납의 목적과 구역을 구분해야 한다. 불변의 기준이 있는 것은 아니다. 주방 주인의 취향과 주된 동선에 맞춰 수납하면 그것이 가장 효율적인 수납이다.

상부장이 없는 주방

나는 주방에 상부장을 만들지 않기로 했기 때문에, 특히 수납에 공을 들여야 했다. 우선 주방의 발코니를 확장하니 양쪽에 넓은 공간이 생겨 한쪽에는 수납장을, 다른 한쪽에는 세탁기와 냉장고를 두기로 했다. 상부장을 없애는 대신 하부장을 넉넉히 맞추어 넣고, 한쪽 벽을 타일과 페인트로 시공해 재미를 더했다. 특히 하부장의 문은 용도와 사용빈도에 맞춰 여러 형태로 제작했다. 특히 자주 사용하는 전기밥솥, 커피머신, 오븐, 토스터 등은 하부장에 레일을 설치해 밀고 당기며 사용할 수 있도록 했다. 그 아래 서랍에는 주걱 등 각 동선에 맞는 살림을 수납해 번거로운 움직임은 최소화할 수 있도록 했다. 어떤 공간의 인테리어

든 그 답은 어디까지나 각자의 스타일에 따른 것이니 각자에게 잘 맞는 스타일을 찾는 것이 가장 중요하다는 것을 명심하자!

주방살림 수납 tip

수납영역: 사용빈도에 따라 나누면 된다. 싱크대와 가까운 곳에는 매일 사용하는 그릇이나 도구를 두고, 상대적으로 먼 거리의 영역에는 사용빈도가 낮은 그릇과 도구를 수납하면 된다.

준비영역: 식재료의 주된 수납공간인 냉장고의 영역이라 할 수 있다. 냉장고에 넣을 용기에는 각각 라벨지를 붙여 보관하면, 훨씬 정갈하게 정리할 수 있고 나중에 빠르게 재료를 찾을 수 있다.

세척영역: 개수대에는 세제, 수세미, 음식물 쓰레기통 딱 3개만 두는 것을 추천한다. 가끔 사용하는 청소도구는 개수대 아래 수납장 문에 고리를 만들어 보관하고, 행주나 비누는 바구니에 담아 역시 개수대 아래 수납장에 보관한다.

조리영역: 인덕션(가스레인지) 외에 오븐과 전기밥솥을 자주 사용한다면, 싱크대 가까이 두는 것이 좋다. 하지만 우리 집처럼 열을 견딜 수 있는 조리공간이 충분하지 않거나 반대로 주방이 넓은 경우에는 싱크대와 오븐을 분리하는 것이 효율적이다. 그리고 조리영역의 하부장에 조리도구와 냄비를 보관해야 동선이 훨씬 간결해 요리하기가 편하니 참고하자.

식사영역: 식탁 가까이에 있는 서랍장은 식사준비에 필요한 수저 등을 수납한다.

상부장이 없어 불편하지 않을까 했던 우려는
키 큰 장이 해소해주었다.

꾸준히 소비하는 살림인데 부피가 큰 것들은
세탁기 위의 서랍장에 보관한다(두루마리나
주방세제 등의 살림도 이곳에 보관한다).

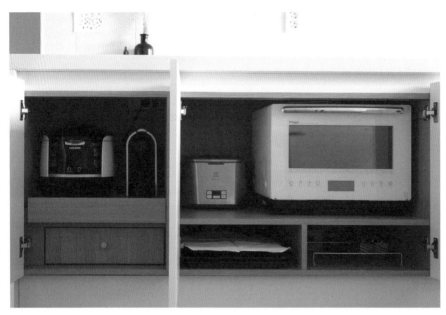

식탁 옆의 하부장으로 전기밥솥이나 커피머신을 둘 곳에는 밀고 당기며 쓸 수 있도록 레일을 설치했다.

싱크대와 식탁 사이의 하부장으로 맨 아래에는 간식 등을 보관하고, 그 위에는 식사 때 필요한 수저 등을 보관해 불필요한 동선을 줄였다.

자주 사용하는 그릇이나 컵
그리고 조리도구는
싱크대 가까이에 있는 하부장에 보관한다.

싱크대 아래 공간도
냄비 등을 넣어 알뜰하게 수납한다.
한쪽 문에는 걸이를 달아
주방세척도구를 걸어두었고
다른 한쪽에는 칼을 보관한다.

인덕션 밑 서랍장에는
음식물 쓰레기 봉투와 각종 비닐팩 그리고 키친타월 등을 보관해 사용한다.

천연 조미료는 모두 수납용기에 옮겨담은 후 라벨지를 붙여 구분한다. 각 통 안에 일회용
숟가락을 넣어두면 사용하기 편리하다.

식기건조대
정말 필요할까?

　　처음에는 식기건조대가 청소기나 세탁기처럼 꼭 있어야 하는 살림이라 생각해, 최대한 단순한 디자인으로 사용했다. 주방 공간이 좁아지는 불편함과 식기건조대를 청소해야 하는 일이 늘 불만이었지만 익숙해진 불편함이었기에 그러려니 했다. 그런데 어느 날 문득, 텅 빈 건조대가 유난히 눈에 들어왔다.

　'저렇게 비어 있는 건조대를 왜 계속 주방에 두어야 하는 거지?
　저것 때문에 싱크대 한쪽을 거의 활용하지도 못하고 있는데…!'

　나는 주방 정리에는 병적인 면이 있는데, 설거지가 쌓여 있는 것 그리고 식기건조대에 그릇이 쌓여 있는 것, 인덕션 위에 냄비가 올려져 있는 것을 유독 참지 못한다. 그래서 수시로 설거지를 하고, 마른 그릇은 바로바로 수납한다. 생각해 보니 이러한 살림 습관에는 굳이 식기건조대가 필요하지 않았다. 그 길로 식기건조대를 치우고 그것을 대신할 최소한의 것만 싱크대에 두었다. 고리에 걸 수 있는 살림은 고리에 걸어 건조하고, 씻은 그릇은 그릇 전용 행주에 올려두기도 했다. 설거지감이 많을 때는 실리콘 매트를 꺼내 가볍게 건조한 다음, 깨끗한 행주로 남은 물기를 닦아 바로 수납했다.

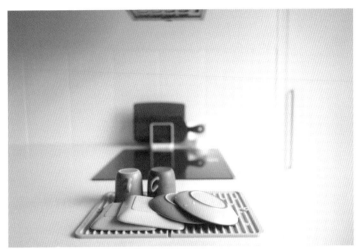

식기건조대 대신 실리콘 매트나
그릇 전용 행주(가재수건) 위에 올려둔다.
물기가 마르면 바로 수납한다.

식기건조대를 치우면서 생긴 여유로 꽤 많은 것을 할 수 있게 되었다. 음식을 준비하는 동안 냉장고에서 꺼낸 반찬통을 둘 공간이 생겼고, 식사 후 빈 그릇을 잠시 그곳에 두고 깨끗한 식탁에서 커피 한잔을 마실 여유가 생겼다. 이렇게 소소한 것이 한데 모이니 생활이 더 풍요로워진 듯하다.

설거지감이 수시로 나온다 해도 싱크대 한쪽에 작은 쟁반을 두고 건조대로 사용한다면 부피가 큰 식기건조대를 두었을 때와는 비교할 수 없을 정도로 실용적으로 공간을 활용할 수 있다. 물론 나와 달리 식기건조대를 효율적으로 사용하고 있는 사람들도 많다. 다만 조금이라도 식기건조대로 불편을 느끼고 있다면, 주저하지 말고 나처럼 해보길 권한다.

싱크대와 식기류 바닥을 닦을 때는
부직포 행주를 사용하고,
식기류 안을 닦을 때는
먼지가 없는 면 행주를 사용한다.
면 행주는 사용 후 바로바로 삶아
널어주면 좋다.

§ 주방 청소 방법

주방에서 자주 더러워지는 영역인 싱크대와 인덕션 청소는 다음과 같이 하면 빠르고 쉽게

할 수 있다.

1. 싱크대 청소

그릇에 따뜻한 물을 담고
그 안에 세제 한 방울을 풀어서
수세미를 적셔가며
설거지를 한 다음,
남은 물로 싱크대를 닦아내면
효율적으로 청소할 수 있다.

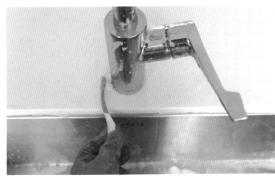

안 쓰는 칫솔로
물때가 생기기 쉬운 부분도
꼼꼼히 닦는다.

하수구 주변은 전용 솔로
깨끗히 닦는다.

2. 인덕션(가스레인지) 청소

따뜻한 물에 베이킹소다를
녹여 진득하게 만든다.

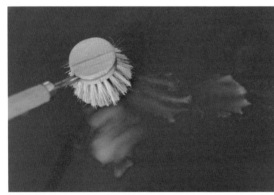

부드러운 솔에
만든 베이킹소다수를 묻혀
인덕션(가스레인지) 상판에
골고루 바른다.

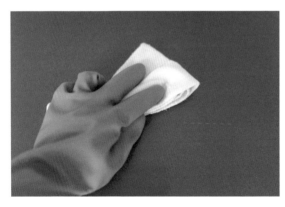

베이킹소다수가
남아 있지 않도록
젖은 행주로
여러 번 닦은 다음,
마지막으로 마른 행주로
닦아낸다.

―――――

대화가 끊이지 않는 곳, 식탁

　　　오크색 나무의 우리 집 식탁은 결혼 6년 차에 처음으로 장만한 식탁으로 나에게는 각별하다. 지금의 집에 정착하기까지는 기존에 살던 사람이 쓰던 붙박이 식탁을 사용해야 했기 때문이다. 늘 아쉬움을 가진 채, 우리 집이 생기면 내 마음에 쏙 드는 식탁을 들여놓으리라 마음먹었다.

　한때는 친구 여럿을 초대해도 거뜬할 만한 큰 식탁을 거실에 두고 싶었다. 하지만 수시로 가구를 달리 배치하며 분위기를 바꾸는 것을 좋아하는 나에게 큰 가구는 부담이었고, 아이가 생기고 나니 거실을 아이가 자유로이 지낼 수 있는 공간으로 만들어주고 싶었기에 자연스레 식탁을 고르는 기준이 바뀌었다. 하루 중 가장 많은 시간을 보내는 주방에, 남편과 아이와 이야기를 나눌 수 있는 적당한 크기의 식탁이면 되었다.

　주방 입구에 둘 수 있는 크기의 원형모양이면 좋을 것 같았다. 공간을 활용하기엔 사각보다는 원형이 더 알맞은 듯했고 무엇보다 앉았을 때, 서로 더 가까이 느껴지는 것 같아 좋았다. 보통 식탁의 위치가 벽에 붙어 있거나 크기가 크면, 식탁 위에 이런저런 살림을 올려놓기 쉽다. 이를테면 영양제나 고지서 같은 것들. 하지만 식탁이 둥글거나 벽과 일정 간격이 있다면 식탁 위에 무언가를 올려놓기가 애매해진다. 그러다 보면 자연스럽게 식탁은 깨끗하게 유지할 수 있다. 우리 집 식탁 위에는 좋아하는 조명 그리고 우리 식구의 온기만이 있다.

§ 원목식탁 고르기

가구에 쓰이는 목재는 견고성에 따라 소프트우드와 하드우드로 나뉜다.

1. 소프트우드

보통 침엽수가 사용되는데 일반적으로 재질이 무르고 무게가 가벼우며 가공성이 좋다. 또한 빠르게 성장하는 덕분에 공급이 원활하여 하드우드보다 가격이 저렴한 편이다. 삼나무, 대나무, 편백나무가 이에 속하며 밀도가 낮고 약해 하드우드에 비해 두껍고 투박하게 제작된다.

2. 하드우드

일반적으로 조직이 치밀하고 무거우며 나이테 무늬가 화려한 종류가 많다. 물푸레나무, 참나무(오크), 호두나무(월넛), 벚나무(체리) 등이 이에 속하며 나무 자체가 단단해서 얇고 매끈하게 제작된다.

── **원목에 상처가 났을 때 tip** ──

분무기로 흠집이 난 부위에 물을 약하게 뿌린 후, 천을 올려놓고 다리미로 약 15초 간격으로 확인하며 다려준다. 흠집이 없어졌으면 사포로 가볍게 문지른 후 가구광택제를 발라준다.

우리 가족 건강 지킴이,
냉장고

    나는 마트에는 필요한 물건이 있을 때, 그때마다 가는 편이다. 불과 몇 년 전만 해도 주말 저녁, 남편과 대형마트에 가서 일주일 먹을 장을 보곤 했다. 한 번에 구매하니 편리하기도 했고, 양손 가득 먹을 것을 들고 마트를 나설 때 드는 왠지 모를 든든함과 뿌듯함이 좋았다. 행사하는 물건을 보면 보물을 찾은 것 같아 꼭 필요한 것도 아닌데 사는 게 이득이라고 생각했던 시절이었다. 이렇게 장보기를 2년 남짓, 남편과 나는 이러한 소비에 문제가 있다는 것을 깨닫기 시작했다.

알뜰하게 장보기

    일주일 식단을 야심차게 준비해 장을 보아도, 갑작스럽게 저녁약속이 생기거나 가족 중 누가 아플 때에는 다른 식단을 준비해야 했다. 그리고 어떤 날은 계획한 식단이 먹고 싶지 않은 날도 있었다. 그러다 보니 주말에 준비한 식재료를 그냥 버려야할 때도 있었다. 아까운 마음에 버리지 않고 냉장실에 쌓아두다가 유통기한이 한참 지나도록 모르고 있을 때도 더러 있었다. 게다가 식품뿐 아니라 대량으로 구매한 각종 생활용품 역시 수납할 공간이 부족해 서랍장이나 안방 앞 발코니에 가득 쌓아두고 지내야 했다. 심지어 있는 물건을 또 구매한 적도 있으니…. 어느 순간부터 마트에 가면 마트의 물건을 집으로 사다 나르는 것 같은 착각이 들기 시작했다.

친정집에는 큰 냉장고가 2대 있는데, 모두 식재료로 가득한데도 어느 것 하나 버리는 일이 없다. 가족이 많기도 했고 하루 삼시 세끼를 집에서 하는 가족들도 있었기 때문이다. 그런 엄마의 냉장고를 보고 자란 나에게 냉장고는 늘 가득 채워놓아야 하는 곳간이었다. 그래서 내가 결혼한 후 살림을 꾸려가면서 가장 많은 시행착오를 겪은 부분이 바로 냉장고 관리였다. 나에게는 엄마와 달리 가벼운 냉

그때마다 먹을 재료를 소량만 구매해
바로 조리한 다음 신선한 상태로 먹을 수 있도록 하자.

장고가 필요했다.

　우리 집 냉장고는 용량이 671ℓ로 큰 사이즈는 아니지만, 늘 20% 이상 비워놓는다. 대량으로 구매하지 않고, 구매 후에도 바로 소분해 보관하는 습관을 가진 후부터이다. 배가 부르면 더는 먹고 싶단 생각이 들지 않는데, 이를 참지 못하고 과식하게 되면 결국 체하게 마련이다. 냉장고도 마찬가지다. 냉장고 역시 적당히 비우고 채우는 것이 중요하다고 생각한다. 한없이 채우다 보면 결국 탈이 난다. 유통기한이 지난 음식과 이런저런 봉지만 쌓여간다. 나와 가족의 건강을 생각한다면 냉장고에는 늘 최소한의 것만 보관하고 무엇이 있는지 정확히 알고 있어야 한다.

　신선한 재료로 식사를 준비하고 그 음식을 깨끗이 비우는 것. 주방에서 이루어질 수 있는 가장 경제적이고 행복한 소비이다. 그렇다면 이러한 소비가 진정 어려운 것일까? 작은 것부터 실천해보자. 당장 오늘부터 마트에서 장을 볼 때, 이틀 먹을 양만 구매하자. 우리 가족이 가장 많이 그리고 즐겨 소비하는 식재료의 목록을 만들어서 오늘 먹을 것과 내일 먹을 것을 정리해보자. 이러한 방법으로 장을 보다 보면, 식재료에 들어가던 비용도 경제적으로 소비할 수 있을 뿐만 아니라 더욱 신선한 재료로 한결 더 여유롭게 식사를 할 수 있을 것이다. 식탁 위 푸짐하게 차려진 반찬의 가짓수가 행복의 척도라고 생각했던 지난날과 달리 그날그날 생각하는 반찬 한두 가지로만 정성스레 식탁에 올려도 충분히 행복할 수 있다.

갖가지 반찬과 국에 주로 넣는
채소는 미리 손질해 보관하면
신선하게 바로바로 사용할 수 있고
혹 사둔 재료를 잊고
또 사는 일을 방지할 수 있다.

과일은 상하기 쉬우니
일부 말려서 보관하면
알뜰하게 먹을 수 있다.

식재료 관리하기

　　장을 본 식재료를 그대로 냉장고에 넣었다면 이제는 달리 넣어보자. 포장된 제품은 한 번 먹을 양만큼 나누어 소분용기에 담고, 기타 식재료는 만들어 먹을 요리에 맞게 썰어 보관하자. 처음에는 번거로울 수 있지만, 하다 보면 손이 빨라져 정리하는 데 들어가는 시간이나 수고를 점점 줄일 수 있을 것이다.

　채소는 먹기 좋게 다듬고 생선과 육류는 한 번 먹을 양만큼 소분용기에 나누어 담는다. 조리용도와 구매일자(유통기한)를 적어 빠른 시일 내에 소비하도록 한다. 과일도 한 번 먹을 양만큼 포장하는데, 특히 사과는 다른 채소를 익게 하는 성질이 있으니 반드시 따로 보관해야 한다. 나는 신선한 재료는 바로 먹을 수 있도록 하는 것을 최우선으로 하지만, 불가피하게 냉동실에 보관해야 하는 것도 있다. 소량이지만 요리에 자주 쓰이는 천연 조미료나 갑작스럽게 식사준비를 해야 할 경우를 대비한 밥과 국 그리고 사계절 간식으로 좋은 말린 과일 등이 그것이다.

　김치는 김치냉장고 대신 밀폐유리병에 담아 냉장실 채소칸에 보관하면 좋다. 김치는 공기가 닿으면 쉽게 시기 때문에 밀폐용기를 사용하는 것이 좋다. 용기는 김치로 인해 색이나 냄새 배임이 있을 수 있으니 전용 용기를 사용하는 것이 좋고, 낮은 온도에 깨질 우려가 있으니 내열 유리를 사용할 것을 추천한다.

김치는 시간이 지나면
발효가스가 생겨 부풀어 오르니
용기의 3분의 2만 담는 것이 좋다.

사과와 레몬은
낱개로 비닐에 싸서
보관한다.

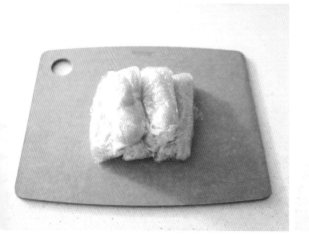

여러 요리에 곁들여 먹는 닭가슴살은
하나씩 랩으로 포장해
보관한다.

우리 가족이 자주 먹는 미역은
사용할 만큼 나눠 지퍼백에 보관해
냉동보관한다.

§ 식재료로 많이 쓰이는 재료 손질법

대파: 시든 잎을 떼어내고 흰 부분과 푸른 부분을 나눠 2~3등분해 키친타월에 감싸 밀폐

용기에 보관한다.

당근: 깨끗하게 씻은 후 물기를 제거하고 키친타월에 감싸 지퍼백에 보관한다.

양파: 서늘하고 바람이 잘 드는 곳에 서로 닿지 않게 두면 한 달 이상 보관할 수 있다. 다만

실온보관이 어렵다면 껍질을 제거하고 지퍼백에 밀봉해 냉장보관하면 열흘 정도 신선하

게 먹을 수 있다.

푸른 잎 채소: 신문지에 싸서 밑동이 아래로 향하도록 세워 냉장보관한다.

달걀: 뾰족한 부분이 아래로 향하도록 냉장보관하면 한 달 정도 두고 먹을 수 있다.

내용물이 얼면 무엇이 들었는지
모르는 때가 많으니
라벨지로 표기해두는 것이 좋다.

애호박은 수분이 날아가지 않도록 랩핑한 후 냉
동보관한다. 금속쟁반에 담아 냉동실에 넣으면
순식간에 얼어 영양소 파괴도 적어 좋다. 그리고
몇분 뒤 꺼낸 후 지퍼백에 담아 냉동보관한다.

신선한 먹거리로 조리해 먹는 음식이
바로 건강식이다.

냉장고 정리하기

나는 잘 정돈된 냉장고를 건강한 냉장고라고 부르는데, 이를 위해선 냉장고에 꼭 필요한 식재료만 넣어두고 공간을 여유 있게 사용해야 한다. 지금보다 건강한 냉장고를 사용하고 싶다면 다음의 과정을 따라보자. 우선 가장 먼저 할 일은 냉장고에 있는 내용물을 모두 꺼내, 냉장고 안을 소독용 알코올로 깨끗히 닦는다. 그다음 유통기한이 지난 재료는 버리고, 가족의 입에 맞지 않던 갖가지 양념이나 소스도 정리한다. 여기서 중요한 것은 이 양념과 소스를 기억해두고 나중에 다시 구매하는 일이 없도록 하는 것이다.

다음은 정리 구역을 나누는 것이다. 집집마다 식습관이 다양해, 냉장고 안에 보관한 내용물도 다양하겠지만 기본적인 구역을 정한 다음, 식재료를 나누어 보관하면 찾기에도 편하고 재료를 낭비하는 일도 줄일 수 있다. 이때 재료를 보관할 바구니는 반찬통 여러 개를 담아도 한 번에 꺼낼 수 있는 튼튼한 제품으로 하는 것이 좋다.

그리고 마지막으로 냉장고 상단과 하단에 베이킹소다를 담은 용기를 하나씩 두면 냉장고 냄새 제거에 정말 효과적이니, 참고하시도록! 나는 매월 1일이 되면 냉장고에 있던 베이킹소다를 새로 갈고, 버릴 베이킹소다로 싱크대 청소를 한다. 냄새와 청결을 한 번에 잡고 환경도 보호하는 일석이조의 효과랄까!

§ 냉장고

① 냉장실

제일 위 칸은 성에가 끼지 않도록 특히 여유 있게 보관한다. 위에서부터 차례대로 곡류, 유통기한이 짧은 가공식품, 밑반찬 그리고 장류와 김치, 채소와 과일을 보관한다.

② 냉동실

위에서부터 차례대로 손질한 채소와 소분한 밥과 국 그리고 냉동식품과 수제간식 마지막으로 육류나 생선, 아이스크림 등을 보관한다.

③ 냉장실 왼쪽 문

문 쪽은 변질 우려가 적은 식품을 위주로 보관한다(천연 조미료나 소스 등).

④ ⑤ 냉장실 오른쪽 문

냉장실 오른쪽 문은 2개인데, 종류에 따라 분류해 음료나 유제품을 보관한다.

⑥ 냉동실 왼쪽 문

가루로 빻은 재료를 보관한다.

⑦ 냉동실 오른쪽 문

집에서 말린 갖가지 재료를 보관한다.

오늘도 어제처럼, 내일도 오늘처럼

매일같이 반복되는 살림, 나라고 재미만 있으랴! 그래도 이왕에 하는 거 좀 더 재밌게 하고 싶어서 나름의 방식으로 살림을 꾸리고 있다. 비닐봉투를 나만의 방법으로 접어서 보관한다거나 (물론 간편한 방식으로!) 살림을 담을 박스를 내가 직접 만들어본다거나 아니면 나만 알아볼 수 있는 소소한 메모들로 살림을 구분하는 것이다. 물론 내가 아직 섭렵하지 못한 살림의 재밌는 방식들이 아직 많을 테지만, 그래도 하나하나 나만의 방법을 쌓아가는 재미가 쏠쏠하다. 이렇게 나아가다 보면 언젠가는 살림의 고수가 될 수 있겠지?

나만의 레시피를 빽빽이 담아 싱크대 아래 서랍에 고이 보관한다.

접을 것만 있으면 딱지처럼 접는 게 습관이다.

귀여운 엽서도 부엌 창가에 붙여놓았다.

저녁식사를 마치고 나면 아이는 아빠와 함께 시간을 보내고 나는 주방을 정리한다. 주방은 매일같이 신경 써야 할 곳이 한두 곳이 아니지만 그때마다 바로바로 정리한다면, 늘 반짝일 수 있는 공간이다. 물론 나도 가끔은 귀찮을 때도 있다. 그래도 매일 정성으로 이 일과를 반복하는 이유는 하루만 소홀히 해도 그다음 날 2배 이상의 에너지와 시간을 쏟아야 하는 까닭도 있지만, 그보다도 정돈된 주방은 하루를 시작하는 공간이자 마무리하는 곳으로 하루를 좀 더 여유롭고 유쾌하게 만들어주기 때문이다. 매일의 작은 습관이 변화를 만드는 것이다.

맛있는 식사와 함께 대화가 끊이지 않는 우리 집 식탁.

나는 이 공간을 생각하면 숙면, 청결, 쾌적과 같은
따뜻하고 맑은 이미지가 떠오른다.
잠을 자는 곳이니만큼 숙면에 방해가 되지 않도록
최소한의 물건만 두려고 했다.
신혼 시절 이것저것으로 꾸몄던 그때를 상기하며 말이다.

kid's room

Kitchen

Bath room

Bed room

Living room

Study room

Balcony

안방은 어떤 공간으로
만들면 좋을까?

우리 세 식구에게 안방은 소란했던 일과를 마치고 온전히 휴식을 취하는 공간이다. 그래서 지금의 집으로 이사 오면서, 안방만은 특히 꼭 필요한 가구와 물건만 넣으리라 생각했다. 이처럼 유난히 신경을 쓴 이유가 있는데 바로 신혼 때, 안방을 열심히 꾸몄기 때문이다. 침대 하나만으로도 꽉 찬 그곳을 일인 의자, 스탠드, 수납장 등을 넣고 여기에 더해 러그, 쿠션, 무릎담요, 액자 등 소품도 다양하게 넣었다. 이렇게 물건이 많다 보니 청소하는 데도 손이 많이 갔다. 의자와 긴 스탠드는 이리저리 움직이며 청소해야 했고, 털이 긴 러그는 먼지도 쉽게 빠지지 않아 매우 번거로웠다. 게다가 나는 침대만큼 길이가 긴 액자도 두었는데, 청소를 자주 해도 그 위에는 먼지가 소복이 쌓였다. 그리고 쿠션이나 무릎담요도 수시로 세탁해야 했다.

혹 이 이야기를 듣는다면, 청소를 좀 덜하면 되지 않는가 할 수도 있겠지만, 내가 이토록 안방 청소에 열을 올린 이유는 남편의 비염 때문이었다. 비염의 원인에는 여러 가지가 있겠지만 우선 집에서만이라도 조심할 수 있는 것은 (집 안 먼지 등) 조심하고 싶었기 때문이다. 하지만 내가 아무리 청소를 자주 해도 남편의 비염은 나아질 엄두도 보이지 않았다. 최후의 수단으로 먼지가 잘 생기는 패브릭 제품을 최소화하기로 했다.

큰 가구나 물건 대신
하얀 침구와 커튼.
작은 스탠드에 취향을 담았다.

안방 구조 수정하기

　　안방에는 침대, 붙박이장 그리고 작은 화장대만 넣기로 했다. 공간이 좀 부족할까 싶었다. 다만 우리 집 안방에는 작은 욕실이 있었는데 이 공간을 어떻게 활용할 것인지가 관건일 것 같았다. 가족이 많다면 거실의 욕실과 안방 욕실 두 곳을 나누어 쓰는 것이 좋다. 다만 우리 가족은 거실에 있는 욕실 하나면 충분했고, 안방이 침실과 드레스룸의 역할을 해야 했기에 수납할 수 있는 더 넓은 공간이 필요했다.

　　여러 장단점을 비교한 끝에 나는 안방 욕실을 철거하고, 붙박이장을 더 설치하기로 했다. 그리고 그 외 남은 공간에는 무선청소기나 드라이기 등과 같은 살림을 놓기에 딱 적당했다. 안방 커튼을 젖히면 큰 창에 나무가 가득하고 눈부신 빛이 들어온다. 안방 앞에는 발코니가 있는데 원래는 안방에서 발코니로 쉽게 넘어갈 수 있도록 창의 턱이 매우 낮게 되어 있었다. 하지만 우리 가족은 그 용도로 이 창을 사용하지 않을 것이라, 침대 높이에 맞춰 창 아래를 막았다.

원래 창의 턱은 이렇게 낮았다.

창의 턱을 높이니, 방의 구도가 훨씬 안정적이다.

안쪽으로 들어간 부분이 욕실이었다.
왼쪽 붙박이장에는 겨울용 긴 코트를 보관하는데
이 부분에 샤워부스가 있었고
거울의 자리에 세면대, 그 옆엔 변기가 있었다.

공사 내내 기대가 되었던 붙박이장.
욕실을 철거하고 한쪽 벽면은
모두 붙박이장을 설치했다.

나비주름의 커튼과 내가 좋아하는 조명.
방이 뿜어내는 분위기만으로도 하루의 피로가 가시는 기분이다.

전용 드레스룸보다
알차게 수납하기

안방의 붙박이장은 손잡이가 없는 터치형으로 제작했다. 처음에는 익숙하지 않아 불편했지만 이 역시 적응하기 나름이다. 붙박이장의 손잡이만 바꿨을 뿐인데, 방이 더 넓고 정갈해보인다. 예전 집에서는 서랍이 유독 많아 걸어서 보관해야 할 옷들을 접어서 보관해야 했다. 그래서 이번에는 서랍보다는 걸이 위주로 수납칸을 만들었다.

우리 집은 안방에서 세 식구가 같이 잔다. 한 침대에 세 사람이 모두 자기엔 비좁아, 침대에서는 남편이 자고 그 아래에는 이불을 깔고 나와 아이가 자는 때가 많다. 그래서 부득이하게 매일 아침저녁으로 이불을 장에서 넣었다 뺐다 하는데, 이럴 경우를 대비해 붙박이장 맨 왼쪽은 이불수납이 쉽도록 만들었다. 칸을 크게 두 구역으로 나누고, 맨 아래에 베개커버 등을 보관할 수 있도록 작은 서랍을 만든 것이다.

아이는 아직 어려 시계를 볼 줄 모르는데, 몸이 기억하고 있는 것인지 늘 같은 시간에, "아빠, 코 자게 이불 깔자", "엄마, 참새가 짹짹해. 이제 이불 넣어야 해"라고 한다. 작은 체구에 작은 손으로 큰 이불을 끙끙거리며 끄는 아이의 모습에 우리 부부는 또 한 번 웃는다.

맨 왼쪽은 이불칸으로 계절별로 보관하기 위해 칸막이를 설치했다. 이불은 한없이 쌓아두기 쉬운데 칸막이를 설치하니 저절로 정리가 되어 좋다. 그리고 베개나 쿠션 커버는 맨 아래 서랍에 보관한다.

그 나머지 칸에는 옷을 보관하는데 위는 상의, 아래는 하의로 기준을 정해 정리했다. 각 칸별로 두터운 소재의 옷과 색이 짙은 옷이 왼쪽에서 시작하게끔 두는 것이 내 시선에는 안정적이라 이에 맞춰 정리했다. 그리고 속옷이나 양말, 손수건 등은 작은 바구니를 활용해 흐트러지지 않도록 수납했다.

서랍을 열었을 때, 바로 보이면 민망할 속옷 등은 바구니에 담아 수납한다. 그 외 옷은 열을 맞춰 보관하면 찾기 쉬워 외출 전 옷을 찾느라 시간 낭비할 일이 없어 좋다.

나는 에코백을 즐겨드는데, 이 가방들 역시 옷걸이에 걸어 보관한다.

—

포근히 잠들 수 있도록
준비하기

아침에 눈을 뜨자마자 가장 먼저 하는 일은 머리맡에 두었던 안경을 끼고 침구를 정리하는 일이다. 하루의 시작을 기분 좋게 하는 아침 습관 하나를 만들고 이것을 꾸준히 이어가는 일은 꽤 큰 성취감을 주어 자기계발에도 좋다는 이야기를 어디서 들은 듯하다. 나는 침구류는 하얀색을 고집하는 편인데, 진한 색의 침구류보다 관리가 까다로울 것이라 생각할 수도 있지만 매일 간단히 먼지를 떨어주는 일만 소홀하지 않아도 깨끗하게 유지할 수 있다. 나는 침대 정리에 시간을 들이는 편인데 물론 쾌적한 수면 환경을 위해서이기도 하지만 주방 식탁의 내 자리에서 안방이 한눈에 들어오기 때문이다. 가지런히 정돈된 공간을 보는 것만으로도 나는 꽤 행복해지는 사람이기 때문이다.

침구 관리하기

침구는 살균이 되도록 햇볕에 말리는 것이 중요하다. 매일이 힘들면 일주일에 2번 정도는 건조대에 널어 3시간 이상 햇빛 샤워를 시키는 것이 좋다. 매트리스는 주기적으로 소독해 진드기와 먼지를 제거해야 하는데 가장 쉬운 방법으로는 약국에서 판매하는 소독용 알코올을 분무기에 넣고 분사하는 것이다.

하지만 이 방법으로는 사실상 매트리스 내부까지 꼼꼼히 소독하기란 어렵다. 그래서 나는 매트리스 위에 세 가지를 깔아 오염을 최소화한다. 가장 먼저 커버를 씌우고 그 위에 세균으로부터 보호기능이 있는 방수커버를 깐다. 그리고 마지막에 일반패드를 깔아서 사용한다. 일반패드와 베개커버는 2주에 한 번 세탁하면 좋고, 방수커버는 한 달에 한 번 세탁하면 좋다. 다만 방수커버는 세탁을 할수록 기능이 약해지기 때문에 1년에 한 번씩 교체하는 것을 추천한다.

커버, 방수커버, 일반패드 총 세 가지를 깐 단면.

베개 솜은 베개커버 안에 방수커버를 사용하는 것이 기본적인 방법이지만, 따로 사지 않고 집에 있는 것을 활용해도 충분하다. 오래 써서 낡은 수건을 베개 속에 넣어두면 베개 솜을 이중으로 보호할 수 있기 때문이다. 베개 솜 세탁은 솜이 뭉치지 않도록 운동화 끈으로 묶은 다음 세탁기에 넣고 빨면 된다. 혹 베개 솜이 누렇게 되었다면, 따뜻한 물에 산소계 표백제를 녹인 다음 빨면 된다. 다만 라텍스나 메모리폼과 같은 기능성 베개는 손세탁이나 그늘에 말리는 정도로 하는 것이 좋다.

수건 대신 자주 쓰지 않는 베개커버를 이용해도 좋다.
나는 흰 베개커버로 씌운 다음 무늬가 있는 커버를 씌웠다.

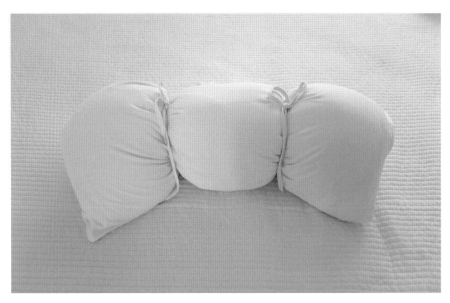

일반 베개는 운동화 끈으로 묶어서 세탁하면 형태를 유지할 수 있다.

침대 위 먼지는 테이프 클리너로 정리한다.

이불은 계절에 따라 달리 사용하기에 세탁법도 그에 맞게 해야 오래 쓸 수 있다. 우선 나는 겨울 이불은 두 가지를 번갈아가며 사용한다. 하나는 솜과 커버가 분리되지 않는 차렵이불이고 다른 하나는 분리되는 마이크로화이바 이불이다. 차렵이불은 충전재를 바꿀 수 없어 주로 한 계절에만 사용할 수 있고 부피가 큰 탓에 세탁이 어려운 단점이 있지만, 누빔 처리되어 있어 솜이 뭉치지 않고 이불커버를 바꾸는 수고를 덜 수 있다. 겨울에도 가벼운 이불솜을 좋아하는 남편과 달리 나는 묵직한 이불을 좋아하기 때문에 관리가 까다로워도 차렵이불을 고집한다. 다행히 요즘엔 빨래방이 잘되어 있어 건조까지 1만 원 이내로 이용할 수 있으니 세탁의 부담을 조금이나마 덜 수 있다. 이렇게 세탁한 이불은 이불보관함이나 이불압축팩에 보관하면 돌아올 다음 계절까지 깨끗하게 보관할 수 있다.

봄과 가을에는 마이크로화이바 이불솜을 사용한다(두꺼운 솜과 얇은 솜 두 가지). 마이크로화이바 이불솜을 사용하는 이유는 사계절 모두 사용하기 좋고, 무엇보다 물세탁이 가능하다. 다만 솜 특성상 잦은 세탁보다는 환기가 잘 되는 곳에서 통풍 시킬 것을 추천한다.

여름은 리넨 소재가 제일 좋다. 나는 여름이면 베개커버와 이불, 침대패드 모두 리넨 소재로 바꿔 사용한다. 리넨 특유의 까칠한 느낌을 별로 좋아하지 않는 남편 때문에 소재를 꼼꼼히 따져 사용하는데, 바이오워싱 리넨은 먼지가 적고 촉감도 부드러워 피부가 예민한 사람도 사용하기에 좋아 즐겨 찾는 소재이다. 세탁방법도 간단하다. 섬유유연제 없이 울세탁한 다음 가볍게 탈수하면 된다.

차렵이불

리넨

마이크로화이바 두꺼운 솜

마이크로화이바 얇은 솜

지난 계절의 이불은 세탁한 다음, 이불압축팩에 넣어놓으면 냄새 없이
보송하게 다음 계절까지 보관할 수 있다.
그 외 쿠션 커버나 베갯잇은 한 박스에 넣어두면 필요할 때 쉽게 찾을 수
있다.

—

안방 청소,
간편하게 하기

앞서 말한 것처럼 남편의 비염으로 특히 안방은 청소를 자주 하는 편이다. 우선 청소기를 돌리기 전, 부직포 밀대와 먼지떨이로 천장, 벽, 가구 순으로 먼지를 털어낸다. 평소에는 먼지를 턴 후 청소기를 돌리지만 미세먼지가 심한 날에는 창을 열고 환기하기가 꺼려져 물걸레질만 하기도 한다. 보통의 경우엔 먼지를 털고난 다음, 공기 중에 분무기로 물을 뿌리고 5분 정도 기다린다. 그러면 물 입자가 먼지를 머금고 바닥으로 가라앉는데, 이렇게 하면 먼지도 닦아낼 수 있어 일반 걸레질보다 상쾌하게 청소할 수 있다.

부직포 밀대와 분무기만 있으면 충분하다.

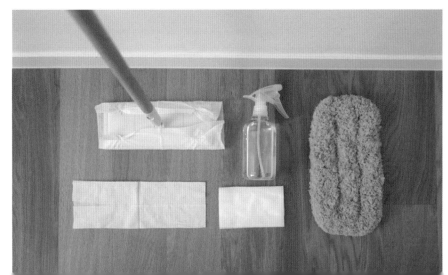

밀대는 천장도 침대 밑도 닦을 수 있는 만능 청소도구다.

분무기에 물을 담아 공기 중
에 뿌려주면 흩날리던 먼지
가 물을 머금고 바닥으로 가
라앉아 청소가 수월하다.

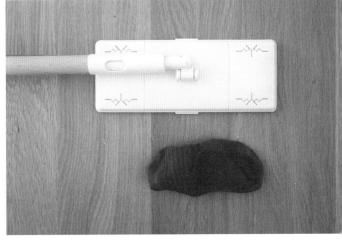

바닥을 닦을 때는 밀대에 부
직포나 극세사 등 더러움의
정도에 따라 소재가 다른 걸
레를 끼워 닦는다. 나는 안
쓰는 양말도 끼워 사용하기
도 한다.

가습기

　　우리 집은 습도가 낮은 날에는 가습기를 종종 틀어놓는데, 나는 가습기의 물을 한 번에 다 채우지 않고 딱 하룻밤만 사용할 수 있을 만큼만 채워 사용한다. 물을 많이 넣어놓으면 한 번의 수고로 오래 작동되어 편하지만 그만큼 세균이 번식할 가능성이 높아지는 것이니 귀찮더라도 물은 수시로 갈아주는 것이 좋다.

　　내가 사용하는 가습기는 자연기화식으로 필터를 물에 적셔 팬으로 말린 공기를 내보내는 방식이다. 다른 가습기(초음파식, 가열식 등)에 비해 가격이 조금 높은 편이지만 물 입자가 작아 방출되는 세균이 거의 없고, 소비전력도 낮아 오래 쓸 수 있기 때문에 훨씬 경제적이다.

　　일반적으로 가습기 청소는 2주에 한 번 일반 세척, 한 달에 한 번 필터세척을 권하지만, 사실 이렇게 사용하면 가습기 안이 물때로 미끌미끌하고 필터도 이미 지저분해진 때가 많아, 나는 매일 일반 세척을 하고 적어도 3주에 한 번은 필터세척을 한다. 혹 가습기를 매일 사용하는 집이라면 청소 주기를 좀 더 짧게 하는 것이 좋다.

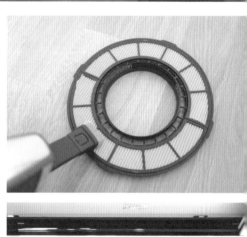

물로 세척이 어려운 필터는 청소기로 먼지를 제거
하고, 물로 씻을 수 있는 필터는 주기적으로 베이
킹소다와 구연산을 녹인 물로 씻어준다. 그다음
햇빛에 자연건조시킨다.

공기청정기

　　주변이 나무로 가득한 곳으로 이사 왔지만, 요즘같이 미세먼지가 잦을 때는 비가 오기를 기다릴 때도 있다. 아무래도 비가 내리면 그다음 날 공기가 깨끗해지기 때문이다. 아이가 생기니 미세먼지에 더 예민해져 공기청정기를 구매했다. 워낙 종류가 다양해 고민을 많이 했다. 그중에서 디자인과 작동이 심플한 제품을 선택했다. 작동을 시키면 집 안 공기가 시원해지는 것을 피부로 느낄 수 있을 만큼 성능이 좋은데, 계속 사용하다 보니 모니터가 달린 제품을 살 걸 하는 아쉬움은 생긴다.

　　나는 공기가 맑은 날은 공기청정기를 끄고 환기하는데 오염된 외부 공기와 이물질이 과도하게 필터로 흡수되어 필터 기능이 저하될 수 있기 때문이다. 몇 분간 환기를 하고, 문을 모두 닫은 후 공기청정기를 작동시키는 것이 좋다.

　　공기청정기도 가습기와 마찬가지로 자주 청소하는 것이 좋다. 제품마다 청소법은 상이하겠지만 기본적으로는 필터와 기계 본체를 꼼꼼히 닦아주면 된다.

공기청정기 역시 가습기와 같은 순서로 세척하면
된다.

"아침이야, 엄마! 일어나~ 내가 안경 갖다줄게!"

휴일이라 오랜만에 늦잠 좀 자려고 했더니
부지런한 딸 덕분에 하루를 일찍 시작한다.
거실로 나와 커튼을 치고 소파에 앉았다.
나뭇가지에 앉아 있는 새를 바라보다 아이는 노래를 틀어달라고 한다.
좋아하는 동요가 나오니 아이는 어깨를 들썩거리며 몸을 빙그르르.
발레리나가 되었다.

kid's room

Kitchen

Bath room

Bed room

Living room

Study room

Balcony

나는 엄마니까!

2015년, 나는 엄마가 되었다. 아이를 뱃속에 품고 있던 열 달은 온전히 나와 아이에게만 집중해야 하고, 집중할 수 있었던 평온한 시간이었다. 물론 출산에 대한 두려움도 있었지만 적당한 긴장은 나를 좀 더 활기롭게 해주었다. 나는 엄마의 역할에 대한 기대나 낭만이 있었는데, 막상 엄마가 되고 나니 심신의 균형이 깨지는 일이 많았다. 육아를 쉽게 본 건 아니었지만, 생각보다 지치는 때가 많았다. 하지만 누구의 탓으로 돌릴 수 없다. 누구의 탓도 아니기 때문이다.

첫 사회생활에서 마음의 병을 앓은 적이 있다. 상당히 힘든 시간이었다. 가족과 남편의 도움으로 털어낼 수 있었지만 무엇보다도 내가 더 나아지고자, 더 행복해지고자 하는 의지가 없었더라면 꽤 오랜 시간 헤맸을 것이다. 돌이켜보면 아이를 키우고 있는 지금, 아이 덕분에 더없이 행복하지만 엄마의 역할은 처음인지라 이따금 두렵고 무서울 때가 있는 것이, 그때를 떠올리게 한다. 내가 하고자 하는 대로 했다가 아이에게 상처가 될까 더 전전긍긍이다. 나는 정말 지칠 때는 아이에게 "엄마 한번 안아줄래?"라고 물어보는데, 아이는 금세 달려와 내 목을 끌어안는다. 그 온기가 얼마나 따스하고 감사한지, 힘들단 생각을 한 내가 부끄러워진다.

그래 나는 엄마니까!
우리 아이를 위해, 우리 가족을 위해 나는 더 행복해지기로 했다.

아이방의 큰 창으로 햇살이 들어온다.
그 아래 아이 키에 맞추어 거울을 달아주었다.
아이는 외출 전, 한참 그 거울을 들여다본다.

아이와
추억 쌓기

　　나는 초등학교에 입학하면서 아빠가 사주셨던 첫 책상에 대한 기억이 꽤 오랫동안 남아 있다. 삼남매 복닥거리던 시절이라 혼자만의 공간을 제대로 가지지 못했기에 더 그랬을까? 그 책상은 내게 세상에서 가장 소중한 보물이자 비밀의 공간이었고 나무 위의 안락한 오두막 같은 존재였다. 나는 고등학교를 졸업하기까지 그 책상을 보관했다(엄마의 핀잔을 들어야 했지만 말이다). 심지어 성인이 되어서도 한동안 그랬다. 어린 시절 나만의 물건, 나만의 공간은 이렇게 성인이 되어서도 오랫동안 추억이 된다는 것을 몸소 겪었기에 아이의 방을 만들면서 이 방이 아이에게 어떤 기억과 추억을 만들어줄 수 있을지를 상상하며 방을 꾸몄다. 어찌 보면 엄마의 사심이 가득 담긴 방이랄 수 있지만, 아이가 자라 이곳에서 겪은 이런저런 일들로 위안을 삼을 수 있기를 바라는 마음이다. 내가 그랬던 것처럼.

아이방의 러그는 세탁이 간편하고 먼지가 많이 나지 않는 소재로, 와플 먼러그를 선택했다. 그리고 색깔은 바닥의 오크색과 가장 비슷한 것으로 하여 통일감을 주었다.

아이방 꾸미기

나는 아이의 방을 꾸미는 기준을 취학 전후로 나누었다. 취학 전인 지금은 아이의 방에 충분한 놀이공간을 만들어주고자 심플한 가구만 두었다. 벽지는 아이가 자라면서 가구의 배치를 바꿀 상황을 고려해 무난한 색깔인 하얀색을 선택했고, 바닥은 다른 공간과 마찬가지로 따뜻한 느낌을 주는 오크색으로 결정했다. 가구는 바닥이나 벽의 색상 중 하나와 같은 색을 선택하면 서로 다른 브랜드의 가구일지라도 통일감을 주어 정돈된 느낌을 주니 참고하자. 아이가 초등학교에 입학하면 놀이 및 학습 공간을 분리하고 수납을 많이 할 수 있는 가구로 바꿀 생각이다. 이때에도 원색이나 어두운 색보다는 피로를 덜 느끼면서 집중력을 높일 수 있는 은은한 파스텔톤의 색감을 사용할 생각이다.

아무래도 아이들은 부주의하기 때문에 출산 전부터, 아이방에는 도톰한 매트를 꼭 깔아줘야겠다고 생각했다. 하지만 예상 외로 아이가 조심성이 많아 굳이 깔지 않아도 되었다. 그래서 매트 대신 아이가 바닥에서 편히 앉아 놀 수 있도록 러그를 깔아주었다. 안정감을 줄 수 있도록 바닥과 비슷한 색을 골라, 세탁이 간편하고 먼지가 많이 나지 않는 와플 면러그를 구매했다. 크기는 아이방에 있는 가구가 차지하는 공간과 비슷한 사이즈로 구매했다.

아이가 좋아하는 물건

아이방 물건을 잘 수납하기 위해서는 현재 사용하고 있는 물건만 수납하는 것이 가장 중요하다. 버리기 아까워 보관해둔 어릴 적 물건이나 지금은 필요 없어도 나중을 위해 사둔 물건은 아이방에 두지 않는 것이 좋다. 처음에는 나 역시 장난감과 옷, 책을 물려주겠다는 지인의 말에 거절 없이 모두 받았다. 경제적으로도 도움이 될 것이란 생각도 있었지만 무엇보다 아이에게 다양한 것을 보여주고, 해주고 싶었기 때문이다. 하지만 물려받은 물건 중 실제로 사용하는 물건은 거의 없고 대부분 나이 때를 놓쳐 제대로 사용하지 못하거나 방치하게 되는 경우가 허다했다.

지금은 당장 아이에게 꼭 필요한 물건만 곁에 둔다. 언뜻 보기에는 아이의 발달에 부족하지 않을까 우려의 시선을 보내는 사람들도 있지만, 물건의 유무로 아이가 더 성장하거나 더 행복해지는 것은 아니리라.

아이가 책 보는 걸 좋아해 전용 소파를 사주었다.
패브릭 소재이지만 방수 처리되어 물티슈만으로도 얼룩 제거가 가능해 편리하다.
아이가 소파에 뭘 흘려도 너그러운 엄마가 되도록 만들어주는 기특한 소파다.

우리 아이는 유독 책을 좋아해 하루에도 몇 번씩 책을 읽어달라고 조른다. 엄마 마음에 지금의 책으로 부족하진 않을까 살짝 걱정했는데, 신기하게도 아이는 같은 책을 며칠 후에 다시 읽어주면 다르게 반응한다. 그새 아이가 훌쩍 자란 것일까? 그렇게 몇 번을 반복하고 나면 시큰둥한 때가 오는데, 그때 새 책을 읽어주면 되었다. 어른이든 아이든 무언가를 많이 가지고 있다고 해서, 그걸 더 잘 활용하는 것은 아닌가 보다. 양이 어찌되었든 충분히 활용하고 그 안에서 행복을 느끼고 있다면 그것이 정답이다.

우리 아이는 유난히 주방놀이를 좋아해
아이 키에 맞은 놀이용 주방가구를 방에 넣어주었다.
안 쓰는 나무접시 몇 개를 주었더니
접시 자리는 여기라며 내게 알려준다.

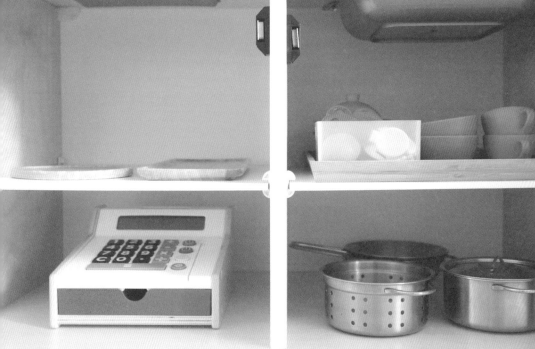

이케아 스투바는 수납공간이 넓은 게 장점이지만
칸막이가 없어 조금만 관리를 소홀히 해도 물건이 뒤섞인다.
천으로 된 바구니, 뚜껑이 있는 플라스틱 상자, 칸막이가 있는 종이상자 등
여러 바구니로 분류해 보관하면, 아이 스스로 물건을 찾고 꺼낼 수 있다.

유기농 채소망을 구입해 아이의 장난감을 넣었다.
안전한 소재라 좋고, 망 형태로 되어 있어 내용물을 바로 확인할 수 있어 편리하다.
무엇보다 벽에 걸어놓고 쓸 수 있으니 공간을 활용하기에 안성맞춤이다.

채소망에 든 장난감으로 재밌게 노는 우리 아이.
다 놀고는 스스로 망에 담아 정리하는 기특한 꼬마 아가씨다.

—

아이방
더욱 알차게 수납하기

나는 아이 옷은 크지 않은 장에 수납한다. 지난 계절의 옷은 작은 장 하나에 차곡차곡 접어 보관하고, 지금 계절에 맞는 옷은 서랍장 하나와 걸이장 하나에 수납한다. 아이의 옷장으로 사용하고 있는 가구는 신혼 때 사용했던 가구로, 첫 신혼살림으로 산 것이었는데 무난하고 제법 튼튼해 여전히 잘 사용하고 있다.

보기엔 수납이 부족해보이지만 기준을 정해 잘 정리하면 충분하다.

어린이집에 주기적으로
보내야 하는
물티슈와 기저귀는
넉넉하게 보관한다.
그 외에는 최소한만 가지고 있다.

§ 아이 옷 접는 법

아이 옷은 어떻게 접든 모양이나 부피에는 별반 차이가 없으나, 쉽게 풀어지기 때문에 옷이 풀리지 않도록 잘 접어서 보관하는 것이 중요하다.

아이 옷을 크게 내의, 상의, 하의로 나누어 접는 법에 관해 소개하면 다음과 같다.

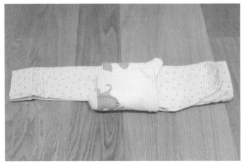

내의

먼저 상의의 등판이 위로 보이게 두고 반으로 접어 팔을 한쪽으로 꺾는다. 그 위에 반으로 접은 바지를 올리고 상의를 가운데서 만나도록 접은 후, 바지도 가운데서 만나도록 접어서 한쪽을 반대쪽에 넣어 고정한다.

상의

등판이 위로 보이게 둔 상태에서 어깨선에 맞도록 접고 팔을 한 번 더 아래로 꺾어 접는다. 밑단을 반쯤 접어올리고 목부분도 접어 밑단 안에 집어넣는다.

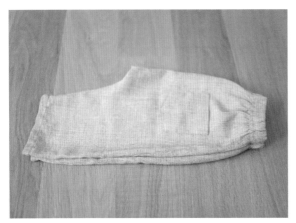

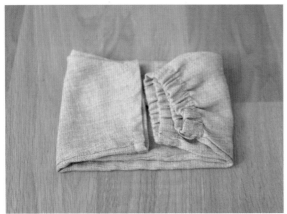

하의

허리와 밑단 둘이 만나도록 접
은 후 밑단에 허리를 넣는다.

정리한 옷이
흐트러지지 않도록
차곡차곡 넣어 보관한다.

특정한 계절에만 사용하는
소품(장갑, 목도리 등)은
지퍼백에 담아 보관한다.

나는 아이가 자주 가지고 노는 장난감은 뚜껑 없는 바구니에 보관한다. 아이가 쉽게 꺼내고 스스로 정리할 수 있도록 하기 위함이다. 아이는, "우리 이제 정리할까?"라는 엄마의 말에, 자리를 일러주지 않아도 장난감을 제자리에 정리한다.

조용하던 아이의 방에서 이야기 소리가 들려 살짝 들여다보니 아이가 토끼인형과 대화를 나누고 있다.

"응 잘했어, 예뻐."

내가 아이에게 하는 말을 아이는 토끼인형에게 해주고 있었다. 그 모습이 우습고 신기해 피식 소리 내 웃다가 결국 몰래 보고 있는 걸 아이에게 들켰다. 너무나 작아서 안기도 조심스러웠던 아이가 언제 이만큼 자랐을까? 그리고 또 너는 앞으로 어떻게 자랄까?

잠든 아이를 보고 있으면 여전히 그 존재가 신기하고 사랑스러워 한참을 들여다보다 종종 눈시울이 붉어질 때가 있다. 너는 괜찮을 수 있을까? 유난히 뾰족했던 나와는 달랐으면 하는 바람, 어떤 일에도 웃으며 툭툭 털고 일어날 수 있는 어른으로 자라주기를 바라는 바람. 그래서 나는 오늘도 아이에게 예쁜 말을 많이 해주기로 마음먹는다.

이렇게 든든한 후원자가 있으니 너는 좋겠다!

아이가 이 방에서 예쁜 추억 그리고 예쁜 꿈을 많이 담길 바라는 마음뿐이다.
엄마는 네가 있어 얼마나 행복한지 몰라!

물건의 위치, 방 하나의 용도만 바꿨을 뿐인데 일상에 임하는 마음가짐이 달라진다.
정해진 틀에 짜여 우리가 우리 자신을 더욱 여유 없는 사람으로 만들고 있는 것은
아닌지 한 번쯤은 생각해봐야 하지 않을까?

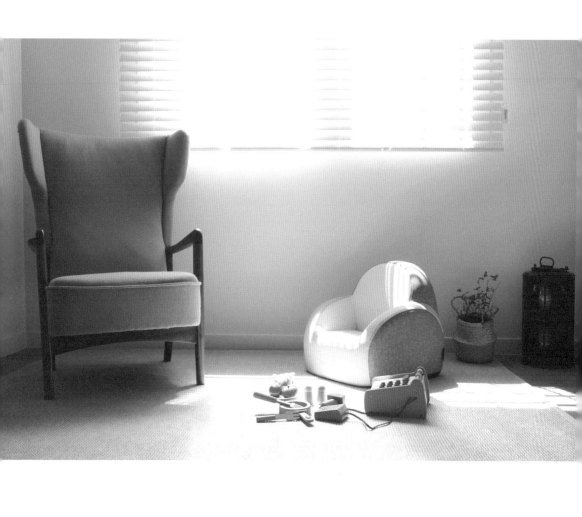

kid's room

Kitchen

Bath room

Bed room

Living room

Study room

Balcony

온 가족의 취향을
담은 곳

집 안 대부분 공간은 가족 모두가 함께 쓰고 있지만 그중에서도 서재, 욕실 그리고 현관은 그 의미가 남다르다. 우선 서재는 주로 나와 남편의 휴식 공간으로 사용되는 곳이다. 책을 보기도 하고, 좋아하는 영화를 보기도 한다. 그리고 아이가 낮잠이 든 시간에는 이 방에서 빨래를 개거나 다리미질도 한다. 방 하나 여유가 생겼을 뿐인데, 일상이 여유로워져 하루가 더 알찬 기분이다.

그리고 욕실과 현관은 우리 가족이 몸과 마음을 단정히 하고 집을 나서는 공간이자 하루를 열심히 보내고 집에 돌아와 마무리하는 공간이다. 살림살이가 밖에 나와 있는 것을 별로 좋아하지 않는 내 성격이 이 공간에서도 고스란히 나타난다. 우리 가족은 매일같이 쓰는 물건이 아닌 이상 모두 수납해 보관한다. 특히 현관에서 신발은 그날 신은 것은 하루 종일 신고 다닌 탓에 생긴 습기를 자연건조시킨 후 신발장에 보관하고, 다음 날 신을 신발만 꺼내 놓는다.

마지막으로 욕실에서는 치약, 칫솔, 비누, 샴푸를 제외한 물건들은 모두 세면대 하부장에 보관한다. 보통 여자들은 씻는 도구가 많은 편인데, 나는 남편보다 없는 편이라 하나 있는 하부장도 여유 있게 사용한다.

서재는
어떻게 사용하고 계세요?

우리 집은 방이 총 3개로 안방 하나, 아이방 하나를 배정하고 나니 하나가 남았다. 대개 방이 하나 남으면 드레스룸으로 활용하지만, 나는 드레스룸 때문에 골머리를 앓았던 터라 다른 용도의 방을 생각했다. 나는 결혼 전, 드레스룸에 대한 로망이 있었다. 결혼하고 나서 여분의 방이 생기면서 더 생각할 것도 없이 (꽤 많은 비용을 들여) 드레스룸으로 만들었다. 잡지에서 흔히 볼 수 있는 구조처럼 이불장 하나와 속옷 등을 넣을 서랍 4개를 제외하고는 모든 장에 문을 달지 않았다. 색상별로 넣어놓은 옷장을 볼 때마다 왠지 모르게 기분이 좋았고 뿌듯했다. 하지만 정작 사용해보니 문제점이 하나씩 나타났다.

우선 문을 달지 않은 장에는 매일같이 먼지가 쌓였다. 그걸 정리하는 데만도 상당한 체력 소비를 해야 했다. 여기에 더해 조금이라도 정돈하지 않으면 방 전체가 지저분해져, 드레스룸은 나를 단장하기 위한 공간이 아닌 나를 지치게 하는 공간이 되었다. 이러한 과정을 겪었기에 나는 지금의 집을 꾸미면서 드레스룸에 대한 욕심은 일찌감치 버리고 다른 구상을 하게 되었다.

고민 끝에 우리 부부가 취미생활도 하고, 누군가의 방문에도 편안히 내어줄 수 있는 곳으로 만들기로 했다. 더불어 우리 부부가 좋아하는 물건들을 자연스럽게 배치하면 더할 나위 없이 좋을 듯했다. 나는 아이가 낮잠에 든 시간에 다리미를 챙겨 이곳에서 조용히 다리미질을 하기도 하고, 늦은 밤에 읽고 싶은 책이 있을 때는 이곳에서 밤새 책을 읽기도 한다. 그리고 빈티지 그릇을 이곳에 보관하며 감상하기도 하니, 나만의 방이 하나 생긴 것 같아 마음이 한결 여유롭다.

아이가 낮잠이 든 시간에 후다닥 해야 할 집안일이 많다.
특히 다리미질은 증기 소리에 아이가 깰까봐 주로 서재에서 한다.

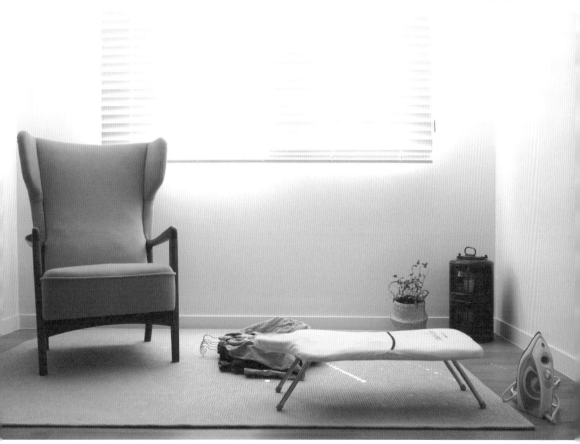

빈티지 그릇과 가장 좋아하는 책을 모아 진열해두었다.

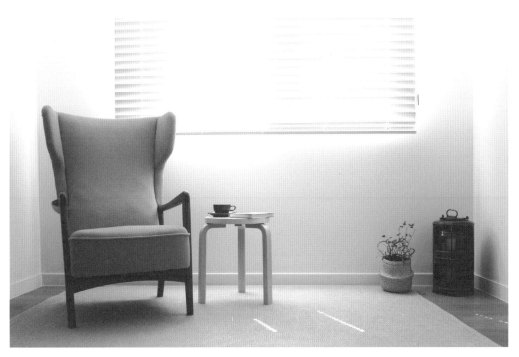

마냥 책을 읽고 싶은 날에는 서재에서 온전히 나만의 시간을 보낸다.

종종 아이에게 뺏기기도 하지만.

우리 집에서 가장 깨끗한 곳, 욕실

이전 집의 욕실은 내게 숙제 같은 공간이었다. 조금만 관리를 소홀히 해도 습기가 차고 곰팡이와 물때가 생겼기 때문이다. 그러던 어느 날, 한번은 지인의 집에 놀러갔다 신선한 충격을 받은 적이 있다. 그 집은 욕실을 건식으로 사용하고 있었던 것이다. 보통 욕실은 들어가면 습한 기운이 확 다가오는데 그 집의 욕실은 쾌적하다 못해 향기가 나는 느낌마저 들었다. 욕실은 늘 습해서 수시로 환풍기를 틀어놓아야 하는 공간이라고 생각했던 내게 꽤 큰 문화적 충격이었다. 지인의 말로는 수시로 화장실 물기를 닦는 습관을 들이니 쾌적함이 유지되었다고 했다.

당시 내가 살던 집은 새로 지은 아파트도 아니었고 리모델링을 한 것도 아니었다. 근데 그 지인의 집도 그랬다. 그런데 공간이 주는 쾌적함이 너무나 달랐다. 집의 모든 공간을 사랑하며 산다고 자신 있게 말하던 내가 부끄러웠다. 생각해보니 나는 우리 집 욕실이 낡았다는 탓만 했지, 더 가꾸고 단장할 생각은 하지 않았다. 3년을 살았던 곳인데도 말이다.

그래서인지 지금 살고 있는 집을 공사하면서 특히 애를 먹은 곳이 욕실이다. 다른 공간은 일찌감치 정해둔 이미지가 있어 이것저것 결정하는 일이 순조로웠지만 욕실은 타일 하나를 고르는 일도 어려웠다. 이래선 답이 안 나오겠다 싶어 내가 욕실에서 가장 중요하게 생각하는 것들을 적어보았다. 내가 바라는 욕실의 모습은 딱 이것이었다. 건식으로 사용하기에 수월하고 아주 기본적인 수납만 할 수 있도록 서랍장을 넣어 청소하기에 수월할 것! 이렇게 가장 중요한 것을 정하고 나니, 타일부터 샤워기, 세면대, 수납장 등을 고르기가 한결 수월해졌다.

(좌)욕실 입구.
(우)멋을 내지 않고 단순한 공간으로
만들기 위해 하얀색으로 통일했다.

우선 바닥은 물기가 쉽게 마르는 소재를 선택했다. 그리고 벽의 타일은 큰 사이즈로 정해 타일 사이에 물때가 끼는 것을 최소화할 수 있도록 했다. 늘 바짝 건조되어 있는 욕실은 맨발로도 왔다 갔다 할 수 있어 위생적이고 편리하다. 욕실 한 벽을 전부 차지하고 있던 상부장을 철거하고 작은 거울을 달았다. 그리고 우리 집은 변기를 사용할 때 외에는 변기뚜껑을 닫아두어 여닫음의 횟수가 많은 편이기에, 변기뚜껑을 여닫으며 날 수 있는 소음을 줄일 수 있도록 손을 놓아도 뚜껑이 천천히 닫히는 변기를 설치했다.

자주 사용하는
칫솔과 치약,
세안용품을 제외하고는 모두
하부에 보관한다.

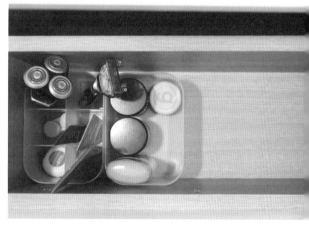

화장실을 건식으로 사용하기로 하면서 세면대 아래에 하부장을 만들었다.
나는 주로 이곳에 수건을 보관하는데,
20장이나 넣을 수 있을 정도로 넓직하다.

샤워부스에는
벽을 파내 필요한 물건만 둘 수 있는 공간을 만들었다.

우리 부부가 애용하는 구강청결제는 여유분을 구매해 패키지에 담아 화장실에 보관한다.
두루마리는 부엌의 발코니를 확장하며 생긴 공간에 두고, 필요할 때마다 가져다 쓴다.

욕실 청소하기

정리, 정돈하는 습관이 가장 빛을 발하는 공간은 욕실이 아닐까 한다. 욕실을 사용하고 난 후 그때마다 보이는 부분들을 청소하면, 날 잡아 욕실을 청소할 필요도 없을 뿐더러 찌든 때와 곰팡이를 닦아내기 위해 독한 세제를 사용할 일도 거의 없다.

다만 물때가 심한 때에는 매직블럭을 이용하면 쉽게 지워지는데, 이 도구에는 연마제 기능이 있어 광택이 사라지거나 코팅이 벗겨지는 등 오히려 물때가 생기는 속도를 더 빠르게 할 수 있으니, 최소한으로 사용하는 것이 좋다.

나는 욕실을 작은 청소, 큰 청소로 나눠 관리한다. 간단히 소개하면 다음과 같다.

§ 매일, 작은 청소법

1. 샤워부스를 제외하고 건식으로 사용하고 있는 공간은 청소기로 먼지를 제거하고 물걸레질을 한다.

2. 건식 사용으로 물청소가 어려운 세면대와 그 주변은 그날그날 비누칠을 한 다음, 뜨거운 물로 씻어내고, 빨아야 할 수건으로 닦아 마무리한다. 이때 사용한 수건은 바로 삶아서 말리는 것이 좋다(바로 세탁이 어렵다면 말린 후 한 번에 모아 세탁한다).

작은 청소의 과정.

§ 한 달에 한 번, 큰 청소법

1. 세면대에 뜨거운 물(약 50도 이상)을 받아, 과탄산소다 한 스푼을 녹인다.

2. 과탄산소다를 녹인 세면대에 칫솔 홀더를 담가 1~2시간 불린 후, 솔로 세면대와 칫솔 홀
   더를 닦으면 찌든 때를 쉽게 제거할 수 있다.

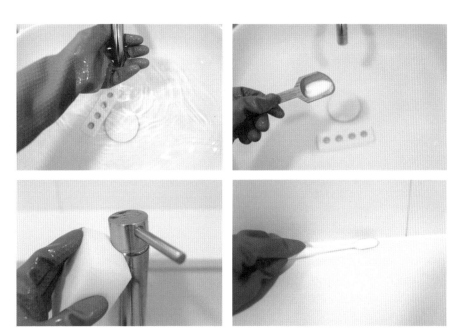

큰 청소의 과정.

뜨거운 물에 과탄산소다 한 스푼을 녹인 다음,
샤워기 헤드와 배수구 뚜껑을 담가두었다가 닦으면 물때를 말끔히 제거할 수 있다.

§ 샤워부스 청소법

물때가 가득한 샤워부스 유리에 치약을 넉넉히 바른 후, 반나절 이상 두었다가 따뜻한 물로 세척한다.

물때가 낀 샤워부스 유리.

치약을 넓게 바르고 반나절 정도 둔다.

물로 씻어내면 물때를 깨끗이 제거할 수 있다.

샤워기 본체도 치약으로 닦으면
손쉽게 물때를 지울 수 있다.

    욕실 청소를 마치고 나와 건조대에서 바짝 마른 수건을 걷어내 차곡차곡 접어 서랍장에 넣었다. 과탄산소다로 청소한 날은 칫솔을 교체하는 날이기도 하기에 우리 가족의 칫솔을 모두 새것으로 바꾼다. 물기 하나 없이 바짝 마른 욕실, 상쾌하다.

    지금의 욕실은 인테리어 공사를 한 깨끗한 상태라 예전과 달리 욕실을 청소하는 데 마음먹는 것이 더 수월했는지도 모른다. 하지만 분명한 것은 예전 살던 집의 욕실과 같은 곳을 다시 사용하게 되더라도, 나는 그날 당장 그곳의 모든 곰팡이와 물때를 닦는 작업을 시작으로 그 욕실을 사랑할 마음의 준비가 되어 있다.

집의 모든 공간을 사랑할 수 있는 사람은 얼마나 행복한 사람일까? 다행히 나는 점점 그런 사람이 되어가고 있다.

남편과 둘이 사용하던 욕실에 어느새 스스로 양치질을 하고 손을 닦는 아이가 함께 사용하기 시작했다. 발받침 위를 올라가서도 까치발로 낑낑대며 세면대의 물을 트는 모습이 안쓰러워 도와주려 해도 한사코 거절한다. 결국 혼자 물을 틀고 엄마 보란 듯이 신나게 세수 아닌 세수를 한다. 엄마 아빠가 사용하는 수건 말고 내 수건도 만들어달라는 아이의 부탁에 아이 눈높이에 맞게 고리를 달아 작은 수건을 달아주었다. 자그마한 욕실에서도 이렇게 조금씩 귀여운 변화가 생긴다.

복이 들어오는 집의
현관

"집을 좀 구석구석 정리하고 싶은데 엄두가 안 나."

근심 어린 표정으로 친구가 말했다. 나는 웃으며 말했다.

"현관 정리부터 시작해봐!"

현관은 집을 드나드는 짧은 순간에만 머무는 곳이라 대개 사람들이 소홀히 여기는 것 같다. "현관 바닥에 흙 좀 묻으면 어때. 현관이니까 괜찮아~"라며 대수롭지 않게 넘어가는 것이다. 하지만 옛말에 이런 말이 있다. 현관이 깨끗해야 복이 들어온다!

현관은 짧게 머무는 공간이지만 온 가족이 매일 사용하는 곳이다. 나는 가족이 함께 사용하는 공간일수록 더욱 깨끗하고 단정해야 한다고 생각한다. 나 한 사람 기분 좋게 집에 들어오고 나가기 위한 것이 아니라 우리 집 식구 모두가 기분 좋게 들어오고 나가기 위한 것이다. 그리고 중요한 한 가지! 특히 현관은 온 가족이 함께 관리해야 하는 공간이다. 우선 현관에 들어서면 신발부터 곱게 정리하고 들어가는 것부터 시작해보자.

현관 청소하기

현관 바닥은 빗자루로 청소하는 것이 좋다. 타일 사이와 모서리도 청소할 수 있기 때문이다. 다만 바닥에 물기가 없는 건조된 상태일 때 하는 것이 효과적이다.

비가 내려 현관 바닥이 물기와 먼지로 더러울 때에는 낡은 양말 한 짝이면 된다. 한쪽 손에 양말을 끼고 바닥의 물기를 이용해 먼지를 닦아내면 수월하다. 다 닦아냈으면 양말을 낀 손을 움켜쥐고 양말을 뒤집은 다음, 그대로 버리면 된다.

손잡이가 짧고 솔이 탄탄한 빗자루로 쓸어야
먼지가 덜 날린다.

낡은 양말을 손에 끼워 현관 구석의 먼지를 닦아내면 쉽게 청소할 수 있다.

신발장 관리하기

가족들의 키 순서에 맞춰 신발장의 영역을 정하고(아래 칸은 아이 신발, 중간 칸은 내 신발, 위 칸은 남편 신발) 그 영역 안에서 자주 신는 신발을 손이 쉽게 닿는 위치에 둔다. 계절에 따라 신는 신발이 다르면 계절에 맞게 신발의 위치도 바꿔 놓는다. 덤으로 베이킹소다를 2~3개 용기에 담아 신발장에 넣어두면 탈취 효과에 아주 좋다(나는 두세 달에 한 번씩 갈아준다). 귀찮더라도 내일 신을 신발을 제외하고 모든 신발을 신발장에 수납하면 현관을 여유 있게 사용할 수 있다.

기분 좋은 하루의 시작과 마무리를 위해 현관을 단정하게 쓰는 습관을 가져보자. 현관이 깨끗해지면 자연스레 다른 공간도 따라올 것이다.

가족들의 키에 맞춰 보관한
신발장.

신발장 중간 서랍에는
구두 닦는 용품과 바닥 청소에 쓸 양말을 보관한다.

맨 왼쪽 수납장에는
우산과 돗자리, 유모차 용품을 수납하고
두꺼비집이 있는 공간은 비워둔다.

신발장 안 사이사이 먼지는 솔로 쓸어낸다.

베이킹소다만 주기적으로 갈아주어도
신발장 냄새를 잡을 수 있다.

우리 세 식구의 신발.
잘 정돈된 현관으로 많은 복이 들어왔으면!

행복씨가 추천하는 살림

초보 주부 시절, 냉장고에 쌓인 유통기한이 지난 식재료를 보며 현명한 소비를 해야겠다 다짐했다. 그 이후 살림살이와 먹거리를 꼼꼼히 비교하며 정말 필요한 물건만 구매하는 습관을 가지게 되었다. 가격이나 품질, 특히 우리 가족이 먹을 음식은 제조사와 신선도 등 여러 가지를 두루 살피며 구매했다. 그중에는 우리 가족에게 안성맞춤인 것도 있었고 잘 맞지 않아 다시 사지 않은 것도 있다. 그러다 보니 괜찮은 제품을 발견하면 주변에 추천하는 때도 많은데, 지인들이 그 물건을 꾸준히 사용하고 있는 모습을 보면 뿌듯했고, 더 나은 물건을 찾아야 한다는 왠지 모를 사명감도 생겼다. 앞으로 추천하고 싶은 물건의 목록이 더 늘어날 수도 있겠지만, 그동안 나도 잘 사용하고 지인들도 잘 사용하고 있는 제품들을 몇 가지 소개하고자 한다.

내가 주로 이용하는 브랜드는 마켓컬리와 한살림 그리고 무인양품으로, 마켓컬리는 배송시스템이 빠른 곳으로 신선한 재료를 바로 받아볼 수 있어 추천한다. 한살림은 소비자가 결성한 생활협동조합이 운영하는 곳으로 합리적인 가격에 좋은 품질의 먹거리를 구매할 수 있는 곳으로 자주 간다. 마지막으로 무인양품은 디자인은 단순하지만 필요한 요소는 모두 갖춘 물건이 많아 자주 찾는다.

§ 먹거리

마켓컬리	한살림
어린이 순살생선: 갈치, 연어, 고등어 등 순살생선이 한 조각씩 개별 포장되어 있어 먹기에 간편하다. 생선은 소분해서 보관하기 애매한 탓에 이 먹거리를 애용한다.	**현미유**: 국내산 쌀겨로 만들어 고소하고 안전한 순 식물성 식용유로, 일반 식용유보다 덜 느끼한 덕분에 우리 집 음식의 필수 재료이다.
제이미 올리버 그린 페스토: 바질과 치즈가 어우러진 그린 페스토로, 우리 집은 닭가슴살을 자주 먹는데, 이 소스에 찍어 먹는다. 음식의 풍미를 더욱 풍부하게 해주는 식재료임에 틀림없다.	**찹쌀호떡가루**: 첨가제를 일절 사용하지 않은 호떡믹스로 믿고 먹을 수 있는 재료인데다 식감도 쫄깃해 즐겨 먹는 먹거리이다.
피오디 레몬즙: 한 번 사용하기 딱 좋을 양인 레몬즙 8㎖가 낱개 캡슐로 포장되어 있어 내용물이 신선하고 사용이 간편하다. 나는 식재료뿐 아니라 탈취제로도 사용하기 때문에 항상 구비해둔다.	**배도라지청**: 100% 국내산 꿀과 배로 만든 청으로 꾸준히 먹으면 비염과 감기 예방에 좋다. 우리 가족은 따뜻한 물에 타서 규칙적으로 마신다.
유기농 미숫가루: 달지 않고 고소해 우유에 타서 아침식사로 먹기 좋다.	

§ 살림살이

무인양품	한살림
락 캐리 박스: 반투명으로 내용물을 바로 확인할 수 있고, 잠금기능도 있어 내용물이 쏟아질 염려가 없다.	**살균수:** 합성방부제와 합성계면활성제를 배제하고 발효알코올과 천연식물성 원료로만 만들어진 제품이다. 휴대폰이나 아이의 장난감처럼 정기적으로 소독해야 할 물건에 안심하고 사용할 수 있어 추천한다.
메이크 박스: 화장대나 작은 수납장의 효율적인 수납이 어렵다면, 크기와 모양이 다양한 메이크 박스를 활용해보자. 금세 정리가 될 것이다.	**이중 거즈면 행주:** 무형광, 무표백 면으로 만들어져 안전하고 이중으로 제작돼 홑겹 거즈보다 흡수력이 뛰어나다. 그리고 삶을수록 흡수력이 좋아져 식기류를 닦는 데 안성맞춤이다. 이 제품을 사용한 후로는 다른 거즈면 행주는 사용하지 않는다.
클리어 홀더와 파일 박스: 고지서나 제품설명서를 철해 보관하려고 불투명한 화이트 파일 박스를 찾아다니다 발견한 아이템이다. 관리가 소홀해지기 쉬운 살림 관련 서류를 이 같은 파일 박스에 모아 한곳에 보관하면, 급할 때 빨리 찾을 수 있다.	
슈즈 키퍼: 평소 신발을 슈즈 키퍼를 사용해 보관하면 신발 주름도 예방하고, 더욱 오래 신을 수 있다. 여러 브랜드의 제품이 있지만 무인양품 제품에는 연필향이 나, 냄새 제거 효과도 있어 애용한다.	

나는 버리지 않기로 했다

1판 1쇄 발행 2018년 6월 18일
1판 5쇄 발행 2020년 7월 19일

지은이 조석경
발행인 오영진 김진갑
발행처 나무의철학

기획편집 이다희 박수진 박은화 진송이 허재희
디자인팀 안윤민 김현주
마케팅 박시현 신하은 박준서 김예은
경영지원 이혜선

출판등록 2006년 1월 11일 제313-2006-15호
주소 서울시 마포구 월드컵북로5가길 12 서교빌딩 2층
전화 02-332-3310 팩스 02-332-7741
블로그 blog.naver.com/midnightbookstore
페이스북 www.facebook.com/tornadobook

ISBN 979-11-5851-101-2 03610

이 도서의 국립중앙도서관 출판예정도서목록(CIP)은 서지정보유통지원시스템 홈페이지(http://seoji.nl.go.kr)와
국가자료공동목록시스템(http://www.nl.go.kr/kolisnet)에서 이용하실 수 있습니다.
(CIP제어번호: CIP2018016147)